Historischer Führer Bottwartal – Marbach

vom Historischen Verein Bottwartal (Hrsg.)

Verlagshaus Reutlingen · Oertel + Spörer

Haftungsausschluss

Die Hinweise in diesem Buch stammen von der Autoren.
Es können jedoch keinerlei Garantien übernommen werden.
Eine Haftung der Autoren bzw. des Verlages und seiner Beauftragten für Personen-, Sach- und Vermögensschäden ist ausgeschlossen.

Die Deutsche Bibliothek – CIP-Einheitsaufnahme

Historischer Führer Bottwartal-Marbach / vom Historischen Verein Bottwartal (Hrsg.)
– Reutlingen : Verl.-Haus Reutlingen Oertel und Spörer, 2002
ISBN 3-88627-256-7

Postfach 16 42 · 72706 Reutlingen

Schrift: 9,5/11 p Stone
Satz, Reproduktion, Druck: Oertel + Spörer, Reutlingen
Bindung: Industrie- und Verlagsbuchbinderei Dollinger GmbH, Metzingen
Printed in Germany
ISBN 3-88627-256-7

Inhalt

Vorwort

Der Historische Verein Bottwartal e.V., 1979 in Großbottwar von engagierten Bürgern gegründet, hat zum Ziel, durch Publikationen die Geschichte des heimatlichen Bottwartales darzustellen. Bisher sind 8 Bände in der Reihe „Geschichtsblätter aus dem Bottwartal" erschienen, in denen Mitglieder ihre Forschungsergebnisse veröffentlichen konnten. In der Fachwelt sind die Geschichtsblätter gut angenommen worden.

Nach mehr als 20-jährigem Bestehen hat sich der Verein mit dem Historischen Führer Bottwartal–Marbach nunmehr zum Ziel gesetzt, einer breiteren Öffentlichkeit Geschichte und Schönheit des Bottwartales näher zu bringen. Nicht fehlen durften dabei natürlich die Gemeinden Benningen, Marbach und Murr, die gleichsam das Tor zum Bottwartal bilden. Wir wollen dem Interessierten einen Überblick über die Vielfalt der historischen Schätze dieser Region verschaffen und einladen, auf Entdeckungsreise zu gehen. Für den, dessen Interesse wir wecken konnten tiefer einzusteigen, haben wir eine Auswahl weiterführender Literatur zusammengestellt sowie Anschriften, Öffnungszeiten und Internetadressen der Rathäuser aufgeführt. Dort können ebenfalls weitere Informationen abgerufen werden.

Gleichzeitig soll dieser Führer eine Hommage an August Holder[1)] sein, einen ehemaligen Lehrer in Winzerhausen am Fuße des Wunnensteins, der 1897 erstmals einen Führer durchs Bottwartal veröffentlichte. Aus dem Vorwort zu seinem Führer mit dem Titel „Die Schillerstadt Marbach sowie das Bottwartal und seine Umgebung" wollen wir den ersten Satz zitieren: „Der starke Fremdenbesuch, dessen sich das Bottwartal seit der Eröffnung seiner Bahn (*gemeint ist die Schmalspurbahn, die 1894 von Marbach bis Beilstein reichte und später bis Heilbronn geführt wurde*) aufs neue erfreut, hat das Bedürfnis gezeigt, wieder einen Führer durch diese schöne Landschaft zu haben."

Dank gilt den Autoren, die, jeder für sich, ihren Stil gefunden haben, ihre Gemeinde, ihre Themen und besondere Aspekte dem Besucher näher zu bringen. Nicht möglich gewesen wäre das Zusammenführen so unterschiedlicher Themen und Beiträge, die Auswahl des Bildmaterials und die Strukturierung der Einzelbeiträge zu einem harmonischen Ganzen, wenn ich hier nicht die spontane und unermüdliche Unterstützung der Herren Joachim Surén und Rolf Lutz hätte erfahren dürfen. Ihnen sei an dieser Stelle stellvertretend für die vielen weiteren Helfer ganz herzlich gedankt.

Den Gemeinden im Bottwartal, Beilstein, Oberstenfeld, Großbottwar, Steinheim, sowie Benningen, Marbach, Murr, die sich zusammengefunden haben, ihre Region einem größeren Interessentenkreis im Rahmen eines Tourismuskonzeptes zu öffnen, wünschen wir viel Erfolg und hoffen, sie mit unserem vorliegenden Werk nachhaltig unterstützen zu können.

Gerfried O. Wegner
1. Vorsitzender

[1] Der Nachdruck des 1897 erschienenen Reiseführers von August Holder ist in Band 3/1989 der „Geschichtsblätter aus dem Bottwartal" erschienen und über den Historischen Verein Bottwartal e. V. zu beziehen.

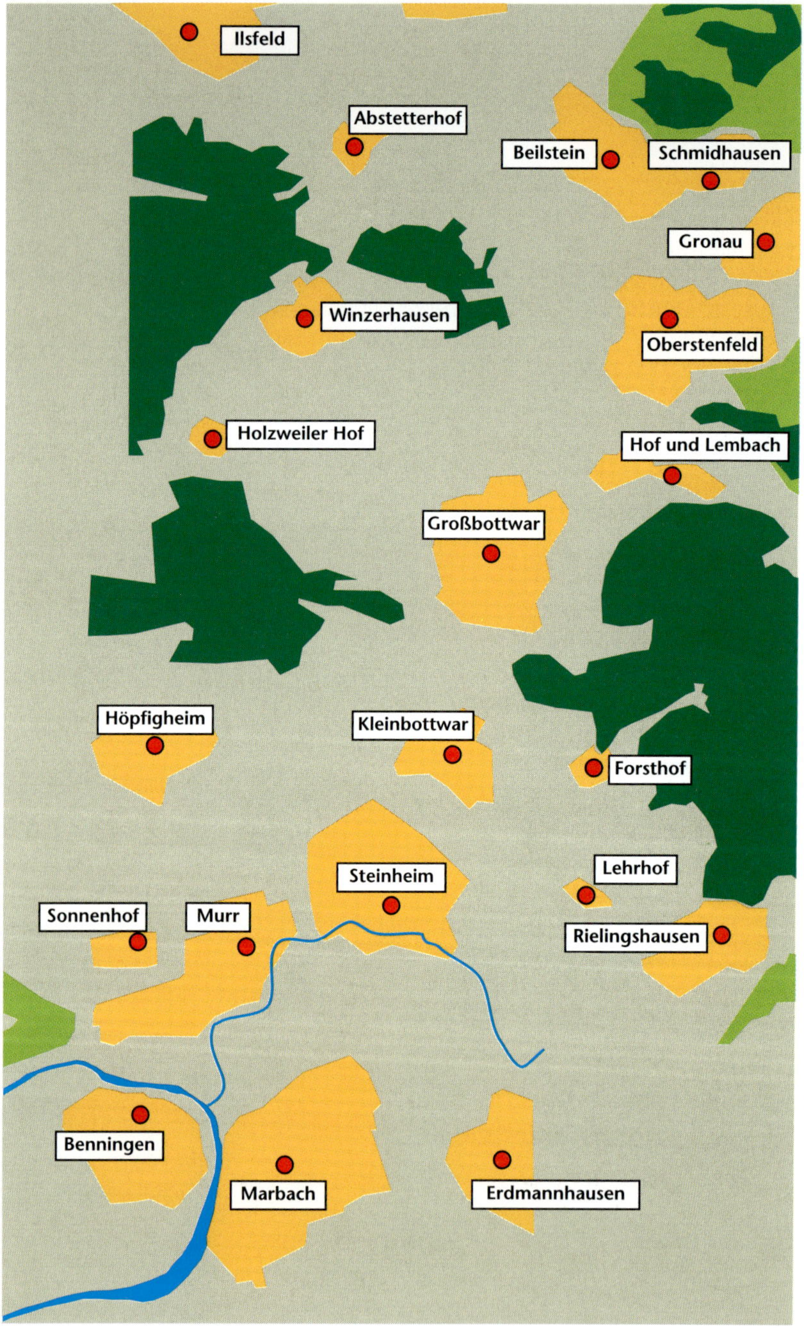
Ilsfeld
Abstetterhof
Beilstein
Schmidhausen
Gronau
Winzerhausen
Oberstenfeld
Holzweiler Hof
Hof und Lembach
Großbottwar
Höpfigheim
Kleinbottwar
Forsthof
Steinheim
Lehrhof
Sonnenhof
Murr
Rielingshausen
Benningen
Marbach
Erdmannhausen

Geologie und Landschaft des Bottwartals

Das Tal der Bottwar mit ihren Zuflüssen Kurzach, Schmidbach, Söhlbach, Hasenbach, Heuerbach, Lembach, Kleine Bottwar umfasst ein Einzugsgebiet vom Stocksberg im Norden bis zur Murr im Süden. Mehrere Bäche entspringen am Südhang des Stocksbergs aus den Schichten des Stubensandsteins und bilden zusammen einerseits die Bottwar und andrerseits den Schmidbach. Die Bottwar und ihr längster Nebenbach, der Schmidbach, vereinigen sich unterhalb von Gronau und Schmidhausen und fließen nach Südwesten. Bei Steinheim mündet die Bottwar in die von Südosten kommende Murr. Diese übernimmt die Richtung der Bottwar bis zu ihrer Mündung in den Neckar unterhalb von Marbach.

Die Gesteine im Bottwartal und seiner Umgebung sind während der **Keuperzeit** vor etwa 230 bis 210 Millionen Jahren abgelagert worden. Aus der Art der Gesteine, ihrer Struktur und der vorkommenden Fossilien hat man sich ein Bild von dem Gebiet zu der Zeit machen können, als diese Gesteine entstanden sind: ein relativ flaches Becken wurde von Flüssen allmählich mit Tonschlamm und Sand gefüllt. Das Klima war überwiegend heiß mit heftigen Regenzeiten – ein Monsunklima. So führten die Flüsse nicht immer Wasser und erreichten wohl auch nicht das Meer im Süden, sondern endeten in Becken mit Wüstenklima – das Wasser verdunstete und hinterließ außer dem mitgeführten Tonschlamm und Sand auch noch die gelösten Salze wie Kalk und Gips als Krusten und Knollen. Während der Keuperzeit waren die Ablagerungsbedingungen nicht immer gleich: Sande und Tone sowie Lagen von Kalkschlamm wurden im Wechsel abgelagert. Diese Lockersedimente gaben unter der Last der darüber weiter abgelagerten Schichten allmählich Wasser ab und verkitteten zu Sandstein, Tonstein oder Mergel oder zu Kalkbänkchen.

Über den Keupergesteinen lagen einst noch die Gesteine, die das **Jura**meer abgelagert hat. Diese finden wir heute noch auf der Schwäbischen Alb und in ihrem Vorland, bei uns sind sie längst allmählich abgetragen worden. Mit dem Ende der Jura-Zeit zog sich das Meer aus Süddeutschland nach Süden zurück, denn Süddeutschland wurde langsam gehoben und nach Südost schwach gekippt. Mit der Heraushebung begann auch die Abtragung, der Schutt wurde vor allem nach Süden transportiert in das Becken, das damals im Gebiet des heutigen Oberschwaben einsank, und füllte es auf, zusammen mit dem Schutt aus den Alpen, deren Auffaltung in dieser Zeit begann.

Geologische Zeittafel (vereinfacht)

Ära	Periode	Alter in Mio.Jahre	
Erdneuzeit	Quartär		Jetztzeit
		0,012	Eiszeiten
		2,6	
	Tertiär		
		65	
Erdmittelalter	Kreide		
		144	
	Jura		
		208	
	Trias		Keuper
		232	Muschelkalk
		240	Buntsandstein
		251	
Erdaltertum	Perm		
		296	
	Karbon		
		354	
	Devon		
		417	
	Silur		
		443	
	Ordovizium		
		495	
	Kambrium		
		545	
Präkambrium			

Doch zurück zu Bottwar/Schmidbach und deren Ursprung:

Unter dem Stubensandstein liegen Mergel. In ihnen bilden die Quellbäche steile, enge Schluchten. Hier zeigt sich schon das Bauprinzip für die Landschaft: Tone und Mergel stauen Wasser, lassen sich aber vom fließenden Wasser recht leicht wegspülen. Sandsteine und Kalksteine besitzen Poren und feinste Risse (Klüfte) und können daher Wasser speichern und leiten, sie setzen aber der Abtragung durch das Wasser Widerstand entgegen.

So wechseln im Verlauf der Täler enge, steile Abschnitte ab mit weiten, flachen entsprechend dem Wechsel von harten und weniger festen Gesteinsschichten. Sind die widerständigen Schichten dick (der Geologe sagt „mächtig“) genug, dann können Verebnungen auftreten, wir sprechen dann von **„Schichtstufen“**.

Verfolgen wir diese Schichtstufen von oben nach unten, also entsprechend dem Lauf der Bottwar: Der höchste Punkt im Gebiet des Bottwartales ist der Stocksberg (539 m ü. NN), seine Bedeckung mit widerstandsfähigem oberstem Keuper- und unterstem Jura-Gestein ist nur noch in Resten vorhanden, seine Hänge bestehen aus Knollenmergel; sie neigen zu Rutschungen, wie man an den Buckelwiesen der Nordseite sieht.

Schema der Schichtstufen im Bereich des Bottwartales

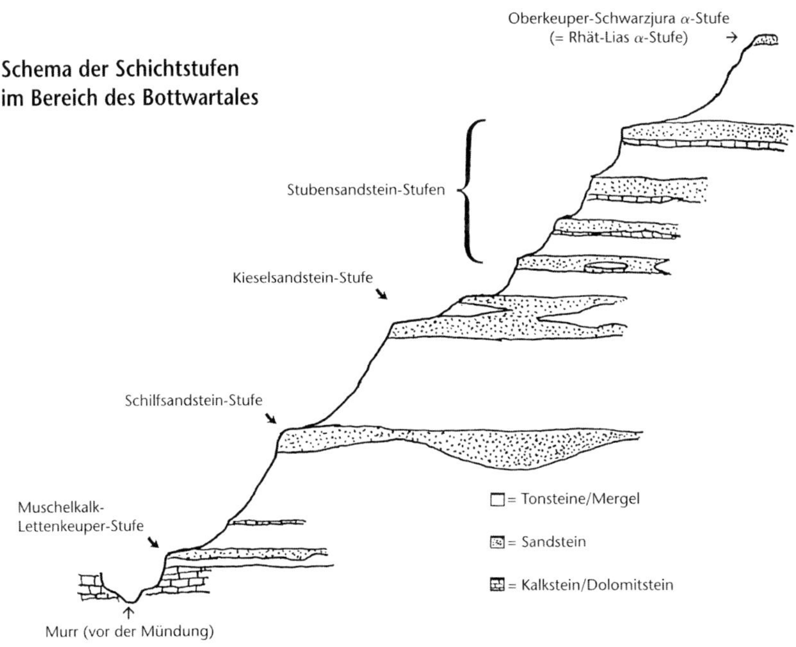

Die Orte Stocksberg und Prevorst liegen auf einer Verebnung, es ist die Stubensandstein-Stufe, aus der Bottwar und Schmidbach entspringen.

Eine Keuper-Stufe tiefer liegen Billensbach, Maad, auf der anderen Talseite Gagernberg, aber auch die Burg Lichtenberg: es ist die Stufe des Kieselsandsteins, er bedeckt auch die Kuppen von Fohlenberg (über Beilstein), Forstberg und Wunnenstein sowie den Harzberg und den Benning.

Die Schilfsandstein-Stufe ist nicht immer deutlich ausgeprägt, sondern nur dort, wo dickere Lagen von Sandstein vorkommen, z. B. Osthang des Fohlenbergs, Nordosthang des Forstbergs. Die Kuppe des Atzenbergs bei Schmidhausen wird von Schilfsandstein gebildet. Auf dieser Stufe steht z. B. die Burg von Beilstein mit ihrem fünfeckigen Turm Langhans (im Burggraben sieht man den Sandstein), auch der Köchersberg bei Oberstenfeld ist mit Schilfsandstein bedeckt. Früher war der Schilfsandstein in vielen Steinbrüchen gebrochen worden, einige dieser Aufschlüsse sind heute noch vorhanden, so bei den Schützenhäusern von Schmidhausen und Gronau, am **N**-Fuß des Forstbergs, am Hochberg bei Großbottwar.

Die unterste Keuper-Schichtstufe wird von den Sandsteinen des Unterkeupers, also den ältesten Keuperschichten (zusammen mit den Kalk- und Dolomitsteinen des Oberen **Muschelkalks**) gebildet, sie ist gewissermaßen die „Basis" des Bottwartales, die Burg Schaubeck steht darauf; zwischen Kleinbottwar und Steinheim verengt sich das Tal: die Bottwar durchschneidet hier die harten Gesteine des Oberen Muschelkalks, sie sind an der Trasse der ehemaligen Bottwartalbahn (jetzt Radwanderweg) und gegenüber in einem aufgelassenen Steinbruch (Naturdenkmal) zwischen Burg Schaubeck und Steinheim aufgeschlossen. Auch entlang der Straße Murr – Marbach gegenüber der Kläranlage sind die Kalk- und Dolomitfelsen des Oberen Muschelkalks zu sehen. Durch sie hatten sich die Wasser der vereinigten Bottwar und Murr auf ihrem Weg zum Neckar einschneiden müssen.

Tektonik: Auf dem Benning zwischen Groß- und Kleinbottwar findet man in etwa 350 m Höhe Kieselsandstein, beim benachbarten Harzberg bildet der Kieselsandstein in 380 m Höhe die Verebnungsfläche, auch im übrigen Bottwartal liegt die Schichtstufe des Kieselsandsteins auf dieser Höhe. Im Bereich des Benning ist das Schichtpaket um etwa 30 m abgesunken – der Benning liegt in einem tektonischen „Graben", im Norden von den Krappenküche-Störungen begrenzt, im Süden von der Rappenküche-Störung, alle mit etwa nordwest-südöstlichem Verlauf. Durch die tektonische Tieflage ist der Benning vor der Abtragung geschützt gewesen und ragt deshalb ins Bottwartal vor. Auch die „Dreiheit" Köchersberg, Forstkopf und Wunnenstein verdanken ihre exponierte Lage vor dem Schichtstufenrand des Schwäbischen Waldes der Tatsache, dass sie relativ tiefer liegen, nämlich am Ostabfall des Hessigheimer Sattels. Denn großräumige Schichtverbiegungen beeinflussen die Höhenlage der Schichtstufen ebenfalls, so die Pleidelsheimer Mulde und der Hessigheimer Sattel, die in ihrer Längserstreckung etwa von Südwest nach Nordost verlaufen. Diese Verbiegungen der Gesteinsschichten sind bereits zu Beginn der Eiszeiten abgeschlossen gewesen. Während der Eiszeiten senkte sich im Raum Steinheim der Untergrund erneut, und so sammelten sich in dieser „Sedimentfalle" Sande und Kiese.

Seit dem Ende der Jura-Zeit sind in unserem Gebiet die Gesteine der **Verwitterung** durch Wind und Wetter ausgesetzt. Der dabei entstehende Verwitterungsschutt wird vom fließenden Wasser weggeführt, dabei weiter zerrieben und zerkleinert und dann wieder abgelagert. Diese **Abtragung** hat die Gesteine aus der Jura-Zeit bis auf wenige Reste entfernt, es sind andererseits auch wieder Gesteine abgelagert, sedimentiert worden, nämlich das zu Grobe aus dem von den Flüssen transportierten Material – es wurde als **Kies** und **Geröll** oder als **Sand** abgelagert und wird heute vom Menschen als Baumaterial gewonnen, ganz berühmt sind die Sandgruben von Steinheim an der Murr wegen ihrer Funde von Knochenüberresten, vor allem eines Schädels eines frühen Menschen. Sie sind im Museum in Steinheim zu besichtigen.

Ein weiteres Ablagerungsprodukt hat der Wind gebracht: den **Löß**, der unsere Gegend so fruchtbar macht. Es ist aus den Steppen der Eiszeiten ausgeblasener Staub, der hier bei uns wieder abgelagert worden ist. Sein Verwitterungsprodukt, der Lehm, wurde (zusammen mit Keupertonen) vielerorts zu Ziegeln verarbeitet („Ziegelhütte" als Name eines Gewanns).

Eine kleine Besonderheit sind Süßwasserkalke, die nach dem Ende der Eiszeiten, also im Holozän, abgelagert wurden. Sie lassen sich z. B. in Großbottwar vom Freizeitzentrum im Winzerhäusener Tal über die Karl- und Bachstraße bis zum Rosenplatz nachweisen.

An einigen Berghängen sind in den Rutschmassen der Keuperfließerden vereinzelt schöne Kieselhölzer enthalten. Der einstige Standort der zugehörigen Wälder ist nicht bekannt. In der Sammlung Obenland (S.O., siehe Siedlungsgeschichte des Bottwartales) können diese Kieselhölzer besichtigt werden.

Von den steinzeitlichen Vorfahren wurden die harten Gesteine als Mörser benutzt (S.O.). Mit Roteisenstein aus den Keuperschichten wurden Farben hergestellt (S.O.), Kieselsandstein und Schilfsandstein wurden als Mahl- und Schleifsteine verwendet (S.O.). Silexmaterial war wichtig zur Herstellung von Messern, Beilklingen und Pfeilspitzen und wurden in den Murr- und Neckarschottern gefunden (S.O.).

Siedlungsgeschichte des Bottwartals

Paläolithikum (mehr als 10 000 vor Chr.)

(Die angegebenen Zeiten beruhen auf Zerfallsmessungen und werden vom Verfasser kritisch betrachtet. Der Hinweis S.O. weist auf die Sammlung Obenland hin, die ab 2003 besichtigt werden kann.)

Der älteste anthropologische Fund des Bottwartales stammt von seinem südlichen Ende bei der Einmündung in das Murrtal, wo Karl Sigrist im Jahr 1933 in den Bottwarschottern einen menschlichen Schädel entdeckte. Nach der stratigraphischen Lage (7,5 m unter der Geländeoberfläche) war das Fossil in mittelpleistozänen Sanden eingelagert. Es ist also berechtigt, diesen „Homo Steinheimensis" vorläufig als das älteste menschliche Fossil aus unserem Tal zu betrachten. Ein Replikat des Homo Steinheimensis ist im Urmenschmuseum in Steinheim mit der gleichzeitigen Flora und Fauna zu besichtigen.

Mesolithikum (10 000–5500 vor Chr.)

Im Mesolithikum haben wir unterhalb der Felsengärten seit kurzem ergrabene Fundstellen, ebenso in den Löwensteiner Bergen. Eine größere Silexklinge von der Gemarkung Großbottwar aus den Teufelsäckern wird trotz der Größe des Objekts ins Mesolithikum gestellt (S.O.). Üblicherweise sind diese Klingen sehr klein (zirka 2 cm). Sie wurden als Pfeilspitzen montiert und vermutlich zur Vogeljagd benutzt, eventuell zu einer Zeit, in der das Großwild in unserer Gegend nicht ganzjährig zu finden war. Die Sammlung Nißler (SN) beinhaltet über 20 000 solcher Pfeilspitzen, die mit vielen interessanten Funden in Großbottwar ab 2003 zu sehen ist.

Neolithikum (5500–2300 vor Chr.)

In Mitteleuropa scheint sich im Altneolithikum eine einheitliche bäuerliche Kultur entwickelt zu haben, die die fruchtbaren Siedlungsräume der Lößgebiete bewohnte und somit auch das Bottwartal. Man nimmt an, dass die Bandkeramiker, die nach den bänderartigen Zeichnungen auf ihrer Keramik so benannt werden, einen Siedlungsraum vom Schwarzen Meer bis zum Ärmelkanal bewohnt haben (Lüning u. Stehli 1989, Seite 110). Im Bottwartal waren sie in den Teufelsäckern, zwischen Wagrain und Krappenküche, im Berntal, beim Stäudach, in Winzerhausen in den Seewiesen, am Rank, auf der Vorderen Höhe und in Hof und Lembach an der Kornstraße zu finden.

Vom Mittelneolithikum ist im Bottwartal nicht viel zu finden. Dem Verfasser ist nur eine Siedlung beim Sauserhof bekannt zwischen den Mausklingen und dem Heuerbach. Dort ist die Rössener Kultur vertreten (S.O.).

Eine Michelsberger Siedlung ist in Flur Jüdelen am Rande des Bottwartas zwischen Steinheim und Höpfigheim ergraben. Diese Siedlung gehört zum Jungneolithikum (S.O.).

Bandkeramischer Becher aus Winzerhausen (in situ)

Bronzezeit (2300–750 vor Chr.)

Die frühe Bronze-Kultur ist auch als Neckargruppe bekannt und an Neckar und Rems durch verschiedene Bestattungsplätze nachgewiesen.
In der mittleren Bronzezeit wurden die Toten nicht mehr in Hockstellung beigesetzt, sondern in gestreckter Rückenlage, in der Regel unter Stein- und Erdhügeln. Diese Bestattungsweise gab dem Zeitabschnitt den Namen Hügelgräber-Bronzezeit. An den Rändern des Bottwartals sind in den Wäldern noch ca. 40 solcher Grabhügel erhalten. Ehemals standen diese Hügel gut sichtbar an Wegen oder auf Bergrücken, da zur Zeit der Belegung diese Fluren in der Regel lichte Waldweiden waren.

Aus der Zeit der Urnenfelder-Kultur (1200-750 v. Chr.) wurden zwischen Steinheim und Höpfigheim beim Ausbau der Verbindungsstraße mehrere Gruben entdeckt, ebenso in Murr. In Großbottwar in der Nelkenstraße wurde ein dünnwandiges Gefäß gerettet, dem Blattgold beigelegt war (S.O.).

Hallstattzeit (600–450 vor Chr.)

Der frühkeltische Fürstengrabhügel von Hochdorf (550–500 v. Chr.) fällt in diese Zeit. Auch der „Katzenbuckel" an der BAB bei Winzerhausen könnte ein solcher Hügel sein. Leider ist die Kenntnis der gleichzeitigen Siedlungen noch recht mangelhaft. Die Grabhügel sind nördlich vom Forsthof im angrenzenden Wald versteckt, weitere zwischen Wunnenstein und Forstberg sowie westlich der Autobahn oberhalb Winzerhausen zu finden.

La-Tène-Zeit (450 vor Chr.–40 nach Chr.)

Einflüsse aus dem Mittelmeerraum werden sichtbar, z. B. durch das reiche Grabinventar vom „Kleinaspergle". Funde in Ludwigsburg zeigen, dass zu dieser Zeit die Töpferscheibe in den Siedlungen schon eingeführt war (S.O.). Grabungsfunde aus dieser Epoche können aus Oberstenfeld und aus dem Abstetter Hof nachgewiesen werden (S.O.). In den Siedlungen finden wir eine arbeitsteilige Gesellschaft. So wurden ein Backofen und ein Erdkeller freigelegt, in diesen konnte Getreide über den Winter aufbewahrt werden.

Durch die spätere römische Besatzung und deren Schriftkenntnis sowie die Vermischung zwischen beiden Volksteilen sind so manche keltische Gottheit und viele keltische Personennamen bekannt. Ebenso sind uns Orts-, Fluss- und Bergnamen überliefert, zum Beispiel die Namen von Neckar, Rems, Murr und Enz. Zu nennen ist noch die keltische Münzprägung mit den später sog. „Regenbogenschüsselchen". Auf der Gemarkung Großbottwar wurde eine keltische Goldmünze mit 14 mm Durchmesser und einem Gewicht von 1,99 g – der sog. Viertelstater – gefunden.

Die Römer (40–260 nach Chr.)

Außer der Schrift haben uns die Römer noch vieles hinterlassen: z. B. einen großzügig angelegten Straßenbau, in erster Linie um Kastellverbindungen herzustellen wie zwischen Walheim, Benningen und Cannstatt, aber auch die Erschließung von Wasserwegen, etwa durch die Schiffsanlegestelle am Vicus in Murr. Zu nennen wären noch ein Gutshof bei Höpfigheim und eine größere Siedlung bei Ottmarsheim.

Im Jahr 1925 ist Jakob Herzer in der Flur Mäurach auf römische Mauerreste gestoßen, sie wurden durch Paret und Schäfer ergraben. Wichtig ist der Fund von gestempelten Dachziegeln. Es waren die Buchstaben **GLSP** zu lesen, die erst durch den Fund einer Weihinschrift von 1710 (gefunden auf dem Grundstück des ehemaligen Forstamts) geklärt werden konnten. Die Weihinschrift nennt den Stifter **G**aius **L**onginius **Sp**eratus, seinen Stand als Veteran der 22. Legion und seine keltische Frau Iunia Deva wie auch die vier Kinder. Wir erfahren, dass er einen Tempel errichtet und diesen natürlich dem Kaiserhaus und den Göttern Apollo und Sirona geweiht hat.

Mit Gaius Longinius haben wir Vor- und Nachname wie auch die Nationalität des Stifters. Dass ein römischer Gott neben einer gallischen Göttin im Tempel stand, störte zu jener Zeit niemand. Die Zeitstellung ist durch das Konsulat von Muciano und Fabiano mit 201 n.Chr. festgeschrieben. Der lateinische Text mit Erläuterungen:

IN H(onorem) **D**(omus) **D**(ivinae) **APOLLINI ET SIRONAE AEDEM CUM SIGNIS C**(aius) **LONGINIUS SPERATUS, VET**(eranus) **LEG**(ionis) **XXII PR**(imigeniae) **P**(iae) **F**(idelis), **ET IUNIA DEVA CONIUNX ET LONGINI**(i) **PACATUS, MARTINULA, HILARITAS, SPERATIANUS FILI**(i) **IN SUO POSUERUNT. V**(otum) **S**(olverunt) **L**(aeti) **L**(ibentes) **M**(erito). **MUCIANIO ET FABIANO Co**(n) **S**(ulibus).

Zu Deutsch: „Zur Ehre des Kaiserhauses haben dem Apollo und der Sirona die Kapelle mit Bildsäulen Gaius (Caius) Longinius Speratus, Veteran der zweiundzwanzigsten Legion, der erstgeschaffenen, frommen,

Stein mit der Weihinschrift aus der Realschule in Großbottwar

getreuen, und Iunia Deva, seine Gattin, und ihre Kinder Pacatus, Martinula, Hilaritas, Speratianus auf eigenem Grund und Boden errichtet. Sie haben ihr Gelübde gelöst froh und freudig nach Gebühr unter dem Konsulate des Mucianus und des Fabianus (im Jahr 201 n. Chr.)" (O. Paret, Urgeschichte Württembergs, S. 105).

Es ist erstaunlich, wie viel durch die glücklichen Fundumstände, die Mitarbeit der Grundstücksbesitzer, die Zusammenarbeit von Schäfer und Paret, geklärt werden konnte. Die Archäologie konnte durch die Inschrift und deren Zuordnung einen wesentlichen Schritt weiter gebracht werden.

Burgen im Bottwartal

Die Burg im Mittelalter

Was wäre das Bottwartal und dessen nähere Umgebung ohne die weithin sichtbaren Symbole der mittelalterlichen Herrschaftsansprüche, die Burgen. Von der Burg Schaubeck oberhalb von Kleinbottwar, vorbei an der Burg Lichtenberg bei Oberstenfeld, an der abgegangenen Scheiterburg, an Hohenbeilstein und an Helfenberg bis zur Burg Wildeck, von wo aus man die Burg Stettenfels erblickt, bietet sich unsere Gegend dem Interessierten geradezu an.

Es ist nicht richtig, die Burg hauptsächlich unter dem Aspekt der Verteidigung zu betrachten. Die Burg muss auch als Ausdruck des damaligen Lebensgefühls der Bevölkerung, der Herrscher wie der Beherrschten, gesehen werden. Sonst wäre nicht zu verstehen, warum so viele Kunstformen neben Funktionalem auftreten, warum das Wuchtige und Starke so übersteigert wurde, dass es symbolhaften Charakter erhält. Nicht zu vergessen ist, dass das Rittertum durchtränkt war mit Religiösem und Phantasievorstellungen hoher Ideale, die ihren Niederschlag in der Burg fanden. Wie auch heute die Bürger einer Gemeinde beim Bau eines neuen Rathauses oder eines Gemeindezentrums nicht nur auf Zweckmäßigkeit achten, so waren auch andere Eigenschaften als die der Verteidigung für die Architektur der Burg bestimmend. Neben den Kirchenbauten stellt die Burg die kostspieligste Architektur des Mittelalters dar. Im deutschen Kulturraum (Heiliges Römisches Reich Deutscher Nation) gab es rund 19 000 Burgen, deren Existenz sich natürlich auch auf die Dichtung und Sprache („jemandem das Wasser abgraben“) auswirken musste.

Kunst und Architektur bedingen einander gegenseitig. Proportionen, Schmuckelemente, Tür- und Fensteröffnungen sind nicht nur durch ihre Funktion definiert, sondern sie werden zu einem großen Teil durch die temporären Mode- bzw. Kunstrichtungen beeinflusst.

Der Übergang von der Romanik zur Gotik lässt sich nicht nur von der Tatsache ableiten, dass die Gotik durch die Erfindung von neuen Gewölbekonstruktionen zu ganz anderen Deckenlösungen kommen konnte. Der Ausdruck einer sich ändernden Gesellschaft hat auch hier einen großen Anteil. Kunst ist ohne entsprechenden finanziellen Hintergrund fast nur in der Kleinkunst möglich. Bei Architekturvorhaben wie dem einer Burg spielen die Legitimationsinteressen der Bauherren und deren Drang nach Statussymbol eine größere Rolle als die Wehr- und Schutzfunktion. Leider gibt es kaum schriftliche Quellen, welchen Bedeutungsinhalt die Zeitgenossen in den Burgen darstellen wollten.

Recht und **Verwaltung** haben mit einer Burg sehr wesentlich zu tun. Ob es sich nun um das Recht handelte, eine Burg errichten zu dürfen, wie groß sie sein sollte, wie hoch und dick die Mauern sein durften, wo sie errichtet werden sollte, wie groß die Besatzung sein durfte, oder ob es sich um das Recht handelte, das vom Burgherren von dort aus gesprochen werden sollte. Die Burg war nicht nur ein Bauwerk und Wohnsitz, sondern sie hatte im Mittelalter im System des Lehenwesens als Zentrum der Verwaltung und der Rechtsprechung zu gelten. Das Schutz- und Trutzbündnis funktionierte nur, wenn der König an seine Vasallen Lehen weitergab, die an Untervasallen aufgeteilt wurden. In den Fürstengesetzen von 1220 und 1231 verzichtete das Königtum auf eine Vielzahl zentraler Hoheitsrechte, sodass der Burgenbau für die nach Macht strebenden Ministerialen nun möglich war. Der Schutz bestand nicht nur in militärischer Präsenz, sondern wurde auch vor allem rechtlich wahrgenommen, indem die Burgherren die Rechte ihrer Lehensherren vertraten und für *„Ordnung"* in der Landschaft sorgten.

Burg Schaubeck

Fährt der Besucher von Steinheim aus weiter das Bottwartal hinauf, muss er darauf achten, nicht eine Sehenswürdigkeit zu übersehen, die sich verborgen oberhalb des Tales vornehm zurückhält. In Kleinbottwar schnell nach der Rechtskurve an der Kreuzung wieder nach rechts wenden, den halben Berg Richtung Forsthof hinauf und beim Schild Schaubeck wieder rechts halten – schon ist man gleich an dem sehr bekannten Weingut des Grafen Adelmann angelangt.

Eine halbhohe Mauer umschließt die Gebäude und den wunderschönen Park, ein Ensemble, welches man hier gar nicht erwartet und das einen ganz besonderen Charme ausstrahlt. Die frühere Burg wurde wahrscheinlich im 13. Jahrhundert unter den Badenern in einer Windung der Bottwar angelegt. Denkt man sich den Wald weg, der heute für Schatten sorgt und die allzu neugierigen Blicke fern hält, so hatte man ein ausgezeichnetes Gelände gewählt, das „sturmfrei" zur Flussseite, sicher vor dem unterschiedlichen Wasserstand der Bottwar und durch einen Halsgraben zur Bergseite geschützt war.

In Steinheim war Mitte des 13. Jahrhunderts eine Höhenburg während Streitigkeiten zwischen Staufern und den papsttreuen Badenern zerstört worden, sodass die Burg Schaubeck weiterhin den Machtanspruch der Zähringer in dieser Gegend zeigte. Erwerbungen rund 100

Jahre vorher mit Besigheim und Backnang zeigten den Willen des südbadischen Geschlechts zu Machtausdehnung.

Die Burg beherrschte bei Steinheim den Anschluss zur alten Fernstraße vom Nordwesten Deutschlands nach Süden und Südosten. Als alte Schaubecker Straße entlang der Mauer kann dies heute noch ein Stück nachvollzogen werden.

Die erste urkundliche Erwähnung findet 1272 statt, wobei die Ministerialen Bertold und Konrad von Schaubeck im Wappen den badischen Schrägbalken führen. Der Besucher des heutigen Schlosses Schaubeck muss durch reichlich Fantasie, gepaart mit Wissen, die damalige Anlage vor seinem inneren Auge rekonstruieren. Ein Bergfried mit zwei anschließenden Flügeln stellten die Hauptgebäude dar. Gräben sicherten an drei Seiten die Befestigung, der einzige Zugang war durch Mauern und eine Zugbrücke zusätzlich gesichert. Auf dem

Grundriss sind heute noch die starken Mauern und die Fundamente des ehemaligen Turmes zu erkennen, während sich das Äußere stark verändert hat, nachdem der wehrhafte Charakter aufgegeben werden konnte.

Viele in der württembergischen Geschichte bekannte Namen und Geschlechter sind mit Schaubeck verbunden. Die Herren von Urbach, von Hoheneck, von Stetten, von Kaltenthal, von Nippenburg, von Plieningen, von Kniestedt und von Brüssel haben entweder Besitz innegehabt oder Ämter auf der Burg ausgeübt. Vor allem hat die Familie von Plieningen umfangreiche Umbauarbeiten zwischen 1480 bis 1642 veranlasst, wobei die Burg, bedingt durch die Veränderungen des Kriegswesens und der Waffentechnik, zum Schloss umgewandelt wurde, das den Wohncharakter und das Repräsentative in den Mittelpunkt rückte.

Der Treppenturm im Hof setzte einen Fixpunkt, dem die übrigen Veränderungen angeglichen wurden. Zwischen 1749 und 1765 wurde der herrschenden Kunstrichtung Rechnung getragen und die Bemalung der Nord- und Westfassaden in roter und violetter Farbe mit gemalten Eckquadern in Diamantschnitt angebracht. Die Architekturepochen Renaissance und Barock sind beide im Schmuck des Schlosses zu erkennen. Einen starken Kontrast bilden die doch sehr unterschiedlichen Erscheinungen der Außenfassade und des Fachwerkinnenhofs, ein Reiz, dem sich kaum ein Besucher entziehen kann.

1928 wird Raban Graf Adelmann, Ministerialdirektor und Gesandter, Besitzer des Schlosses. Mit ihm beginnt auch das Aufblühen des Weingutes, das heute einen überaus guten Ruf nicht nur in Deutschland besitzt. Der derzeitige Graf Adelmann hat nicht nur eine glückliche Hand bei der Pflege unter anderem von Barriqueweinen, sondern er unterhält, restauriert und pflegt das Schloss mustergültig, was nicht immer als selbstverständlich vorausgesetzt werden kann und mit großem zeitlichem und finanziellem Aufwand verbunden ist. Der Gegend zum Schmuck, dem Betrachter zur Freude und der Familie zur Tradition und Verantwortung – ein Geheimtipp für Besucher, den man nicht unbeachtet lassen sollte.

Burg Lichtenberg

„Auf der linken Seite der Bottwar, da, wo die Ausläufer des Hardtwaldes sich an das Flußtal herandrängen, erhebt sich ein schöner, abgerundeter Berg, der Lichtenberg. Von seiner Höhe aus kann man nach Süden das Bottwartal in seiner reichen Mannigfaltigkeit überschauen. Von Nordwesten blickt der Hohenbeilstein aus naher Ferne herüber; von Abend her grüßt der sagenumwobene Wunnenstein. Nach Norden ziehen sich die hohen, waldigen Berge von Löwenstein und Prevorst. Dieser Platz, von dem der Verleger und Länderreisende Albert Langen sagt, dass er einer der schönsten Punkte der Welt sei, war wie kein anderer Hügel zur Anlegung einer Burg geeignet." (Heimatbuch des Oberamtsbezirks Marbach, 1923)

So romantisch und blumig kann die Beschreibung in einer rationalen Auseinandersetzung mit der Burg nicht fortgeführt werden. Je steiler und unzugänglicher die Lage einer Burg war, desto höher war die Stellung des Besitzers. Dieses Faktum fand sogar in der mittelalterlichen Dichtung seinen Niederschlag:

„Eine Burg, die keinen Fußgänger, ja kaum einer Mücke zugänglich war, so glatt war der Anstieg, der Berg war höher als die Alpen, er überstieg 1010 Ellen ..."

Eine wichtige Durchgangsstraße verlief von Ulm über Cannstatt und Vaihingen/Enz nach Speyer. Eine andere hatte ihren Verlauf über Asperg, an den Burgen Vaihingen, Blankenhorn, Magenheim, Lauffen und Lichtenberg vorbei, nach Norden.

Primär wirkte sich bei der Auswahl der Lage natürlich der Sicherheitscharakter aus, der auf Kosten der Zugänglichkeit und der Bequemlichkeit berücksichtigt wurde. Wo es möglich war, wurde der Zugangsweg auch so angelegt, dass die rechte Seite des Ankommenden

der Burg zugewandt war, sodass er diese mit seinem links gehaltenen Schild nicht schützen konnte. Wie der genaue Verlauf der Burgsteige zur Lichtenberg war, lässt sich heute nur noch schlecht rekonstruieren, da durch spätere Veränderungen der Anlage, durch Zwinger, Rondelle und durch die Verbreiterung des Grabens der ursprüngliche Charakter verloren ging.

Allein die erhöhte und quer zum Bergsporn verlaufende Lage der Burg war schon abschreckend genug, musste doch das ganze Material für einen Sturm oder für eine Belagerung auf die Höhe gebracht werden, die auf drei Seiten sturmfrei war, sodass nur von einer Seite aus gegen die Befestigung vorgegangen werden konnte. Diese Vorbereitungen konnten natürlich von der Burg aus beobachtet werden, wobei zu berücksichtigen ist, dass damals kein Wald die Sicht behinderte.

Die Burg Lichtenberg ist ein hervorragendes Beispiel für eine mittelalterliche Befestigung. Allerdings muss beim Betrachten der Anlage berücksichtigt werden, dass das heutige Erscheinungsbild zu einem großen Teil aus dem 15. Jahrhundert stammt, da damals die Familie Weiler große Umbauten vornehmen ließ. Der Verteidigungscharakter konnte damals schon vernachlässigt werden, sodass die Wohn- und Versorgungsbereiche stärker zur Geltung kommen konnten.

Der dominierende Bergfried mit den äußeren Abmessungen 9,10 m × 9,10 m hat im Inneren nur 5,10 m × 4,70 m vorzuweisen. Dabei handelt es sich um Maße, die durch die errechnete Mauerstärke von 2,20 m bis 2,50 m einen Hinweis auf die hervorragende Qualität der Bauausführung geben. Der Turm besitzt im zweiten Geschoss eine rundbogige Schlafnische, was in Süddeutschland äußerst selten ist. Die Lichtschlitze sind sehr aufwändig durch kleine romanische Bögen gestaltet, deren Sturz in exzellenter Steinmetzarbeit durch mehrere Lagen von Steinquadern gebildet wird. Es wurde sogar eine Abortanlage errichtet, die durch einen abgewinkelten Zugang erreicht werden konnte.

Ersteigt man den knapp 30 m hohen Bergfried auf der heutigen Holztreppe, so sind immer wieder wulstartige vorkragende Steinreihen im Mauerwerk zu bemerken, die durch die dabei gebildeten Absätze auf die Widerlager ehemaliger Holzdecken hinweisen. In vielen Türmen wurden die Auflager der Holzbalken für die Stockwerksbildung durch Verjüngung des Mauerwerks erreicht, während hier die Mauerdicke erhalten bleibt. Diese Stockwerke waren durch Leitern zu erreichen, sodass das Volumen als Stauraum besser genutzt werden konnte, als dieses mit einer umlaufenden Treppe der Fall gewesen wäre. Der heutige Turmabschluss mit Pyramidendach von 1906 ist historisch falsch und dürfte dem früheren Treppenhäuschen der Burg Beilstein geähnelt haben.

Der Zugang zum Bergfried befindet sich in ca. 8 m Höhe, was zur damaligen Zeit durchaus üblich war, wie auch die Burg Beilstein zeigt. Der Hocheingang war aber früher nicht in der Art zu begehen, wie wir das heute vorfinden, sondern es befand sich eine größere Holzkonstruktion vor dem rundbogigen Mauerdurchlass. Der heutige Zugang vom Palas über die kleine Holzbrücke wurde bestimmt erst später gebaut.

Ein zweiter niederer Turm ist mit großen Schießscharten ausgestattet, die eventuell einen Einsatz von Pfeilgeschützen gestatteten. Der aufmerksame Betrachter wird in halber Höhe einen Wechsel der Buckelquaderform bemerken, die nicht mehr so stark ausgeprägte rustikale Buckel aufweist, wie es bei dem Bergfried selbst der Fall ist. Im Gegensatz zum Hauptturm besitzt dieser im Erdgeschoss und im ersten Stock zwei Räume, deren Decken durch gemauerte Tonnengewölbe gebildet werden. Der Zugang zum Erdgeschoss erfolgt vom Hof aus, während das erste Stockwerk über einen hölzernen Wehrgang an der Ostmauer zu betreten ist. Ob dieser Turm früher dieselbe Höhe wie der Bergfried hatte, ist zu bezweifeln, wenn auch auf alten Abbildungen eine größere Höhe als die heutige gezeigt wird. Auch die Tatsache, dass dieser Turm nur in einem spitzen Winkel verkantet vorgesetzt an die Schildmauer angelehnt wurde, weist auf spätere Umbauten der Burg im 13. Jahrhundert hin.

Die Breite der Ringmauer beträgt ca. 2,60 m (durchschnittliche Breite sonst 1,80 bis 1,90 m), sodass sie wenigstens noch an der Ostseite durch ihre noch vorhandene Höhe den Charakter einer Schildmauer besitzt. Ungefähr in der Mitte zwischen den beiden Türmen ist sie in ihrem Verlauf einmal gebrochen, sodass der gesamte Umriss der Burg durch die Ringmauer einem Oval ähnelt. Sie ist außen und innen aus Buckelquadern errichtet, was darauf hinweist, dass keine Gebäude direkt an sie angelehnt waren, wie das in der Frühphase des steinernen

Burgenbaus oft der Fall war. Wahrscheinlich hat sie einen Wehrgang getragen, da sie mit drei Schießscharten versehen ist. Es handelt sich um so genannte „Hosenscharten“, die den Vorteil hatten, dass von einer Innenöffnung im Hof aus in zwei Richtungen auf der Feldseite die Überwachung und Verteidigung durchgeführt werden konnte. Von der Hofseite aus sind keinerlei Spuren eines Wehrganges an der Schildmauer zu erkennen, sodass davon ausgegangen werden muss, dass für die Verteidiger eine hölzerne Wehrgang-Konstruktion einfach angelehnt war.

Die Burg Lichtenberg stellt mit ihren Bauelementen Bergfried, zweiter Turm, Ring- und Schildmauer, Burgtor und Wohngebäuden das exzellente Beispiel einer klassischen mittelalterlichen Burg dar, bei der das Nebeneinander von Einzelbauten mit genau definierten Funktionen organisiert war. Ergänzt wurde die Burg durch einen Wirtschaftshof, Felder, eine Mühle, den Burgwald u. a., sodass die entsprechende Infrastruktur bestand, eine solche Anlage auch zu unterhalten.

Die Grundform der Kernburg bildet ein unregelmäßiges Polygon (Vieleck) in Ovalform, das durch die Geländeform bestimmt ist. Von den Gebäuden selbst ist aus der ersten Bauzeit kaum noch etwas vorhanden. Die sich an die Steinbrücke anschließende Quermauer mit Toranlage stammt aus dem 16. bis 17. Jahrhundert, was sich aus den gestuften Schießscharten links und rechts des Tores schließen lässt. Man kann sogar noch die Nuten im Inneren der Scharten erkennen, die früher Hölzer aufnahmen, welche als Auflage für Hakenbüchsen dienten. So konnte ein Rückstoß gemildert und das Zielen durch Auflegen erleichtert werden.

Die Toranlage, zu der man früher über eine Zugbrücke über den breiten Graben gelangte, ist so konstruiert, dass man sich nach Durchschreiten des weiten Tores nach rechts wenden muss, um die Kernburg betreten zu können. Grund für eine solche bauliche Ausführung war, dass ein angreifender Feind niemals seine Waffenwirkung direkt gegen das Haupttor einsetzen konnte, wobei noch zusätzlich durch die scharfe Wendung nach rechts der Angriffsschwung gebrochen werden sollte.

Das romanische, von Buckelquadern eingefasste Burgtor wird durch eine Poterne gebildet, die durch den Südflügel der Burg, den Palas, zum Innenhof führt. Auf beiden Seiten des flachen Gewölbes befindet sich eine Halle, wobei die linke drei schmale hohe Fenster besitzt, die einen frühgotischen Charakter aufweisen. Dieser Raum diente wahrscheinlich als Mannschaftshalle, er besitzt einen Aborterker nach Westen und abgerundete Kragsteine, auf denen Deckenbalken ruhen, die wahrscheinlich aus staufischer Zeit stammen.

Die rechte Halle, die Burgkapelle, erhält ihr Licht durch eine Dreier-Fenstergruppe mit ungeteilten, spitzbogigen Öffnungen, die außen von breitem Profil und rundbogigen Blendarkaden umgeben sind. Die Fenster der Kapelle sowie des gegenüberliegenden Saales (Dürnitz) wurden nachträglich in die Ringmauer eingesetzt.

Die aus dem 13. Jahrhundert stammende frühgotische, dem heiligen Laurentius geweihte Kapelle, ist erst später in den Südbau eingefügt worden. Innen an der Fensterfront kann man an der unterschiedlichen Mauerstärke erkennen, dass diese ursprünglich im gesamten Südteil von gleicher Stärke gewesen sein musste, da diese Seite schließlich, wie schon angedeutet, die Angriffsseite gewesen war. An den inneren Fensternischen sind auf einfachen Fresken aus dem 15. Jahrhundert Heilige dargestellt. An der östlichen Innenwand sind Reste mittelalterlicher Fresken im frühgotischen Stil zu erkennen, die nach einer Restaurierung 1960 der Öffentlichkeit wieder zugänglich gemacht wurden.

Die Darstellung eines großen Bilderzyklus über das Leben Jesu mit Motiven des Abendmahls, der Kreuzigung und des Einzugs in Jerusalem mit Christus auf dem Palmesel aus dem frühen 13. Jahrhundert laden zum Betrachten ein. Bei den Motiven der Kreuzigungsszene soll es sich um die ältesten Darstellungen in Süddeutschland handeln. Der Künstler, der diese außergewöhnlichen Malereien geschaffen hat, könnte mit dem identisch sein, der auch in der Peterskirche bei Oberstenfeld tätig gewesen war.

Der unregelmäßige Kapellenboden besteht aus Steinplatten, die wahrscheinlich die ursprünglichen sind. Außerdem fällt der nachreformatorische Altar mit dem steinernen Bilderstock auf. Dieser zeigt ein Votivbild von 1573 des unter dem gekreuzigten Christus kniend abgebildeten Wolff von Weiler und seiner Frau, Brigitta Wilch von Alzey. Das Ehepaar blieb in der Reformationszeit dem alten Glauben treu und unterhielt auf der Burg eine katholische Kaplanei. Als der Kaplan Kaiser im Jahr 1571 nach 24-jähriger Amtszeit verstorben war, bemühte sich der Burgherr um einen Nachfolger. Für dessen Einzug könnte der Bildstock gestiftet worden sein. Vermutlich ist dies ein Werk des Bildhauers Simon Schlör von Hall, von dem auch die Grafenstandbilder in der Stuttgarter Stiftskirche stammen.

An der mit Eichenbalken gebauten Emporenbrüstung sind Malereien mit Beischriften zu erkennen. Die Darstellungen sind dem 16. Jahrhundert zuzurechnen, da um 1573 Wolfgang von Weiler die Kapelle renovieren ließ.

Wahrscheinlich war dieser Kapellenraum früher einmal aus dem darüber liegenden Stockwerk zu erreichen gewesen, ein Zugang, der aber später verbaut wurde. So kann man im ganzen Südbau zahlreiche Veränderungen feststellen, die durch den jeweiligen Nutzungszweck bedingt waren. Es müsste auch noch genauer untersucht werden, ob es wirklich einen Geheimgang vom Hauptbau zum Bergfried gegeben hatte, was sehr außergewöhnlich wäre. Die zahlreichen Räume werden heute als Wohnung, Gastwirtschaft und anderweitig genutzt. Um genauere Aussagen über bestimmte Bauelemente treffen zu können, müssten größere und genauere Untersuchungen durchgeführt werden. Der Westteil des den Hof umschließenden Ovals wird durch Gebäude gebildet, deren Eingänge mit verschiedenen Jahreszahlen versehen sind. Im Südwesten zeigt die Jahreszahl 1582 über dem Kellereingang und 1621 beim Renaissance-Uhrtürmchen, dass die jeweiligen Besitzer immer wieder die Wirtschaftsgebäude entweder renovieren oder neu errichten ließen. Sie dienten als Stallungen, Wohnung für das Gesinde, Vorratsräume, Scheune u. a. Der malerische Eindruck wird durch das Fachwerk gebildet, das vom ersten Stock des Westbaus über die Nordmauer bis zum „Artillerieturm" führt. Auffallend ist auf jeden Fall der dem Westtrakt vorgelagerte bastionsartige Turm, dessen Funktion dem Betrachter sofort klar wird, wenn er vor ihm steht. Breite Schießscharten an drei Seiten in mehreren Stockwerken erlaubten die Seitenbestreichung des oberen Zwingers mit Feuerwaffen.

Im Laufe der Zeit wurde die Anlage von dem befestigten Wohnsitz eines Ministerialen zu einer kleinen Festungsburg umgewandelt. Dies hatte vor allem den Hintergrund, dass die Lichtenberger die Burg zum Mittelpunkt eines kleinen Territoriums machen wollten, dessen Zentrum die Burg und die neu gegründete Stadt Großbottwar darstellte. War es am Anfang noch möglich, ein Stück der Ringmauer abzureißen und den zweiten Turm einzufügen, so war dies zu allen Zeiten vor allem von der jeweiligen Waffentechnik abhängig. Bei Einführung der Feuerwaffen musste jeder Besitzer einer Burg vor allem darauf achten, eine größere Distanz durch Erdbefestigungen und Rondelle zwischen der Burg und dem möglichen Feind und dessen Waffenwirkung zu schaffen.

Burg Hohenbeilstein

„Wir befinden uns allhie nicht am Bottwarflüßchen, sondern in einem Seitentälchen, wo der Söhlbach sein Wässerlein gemächlich weiterrollt. Über dem saftigen Wiesengrund erhebt sich gegen Osten der ‚Schloßberg' bis zu einer Höhe von 326 m über dem Meer – der ältere Teil des Städtchens ist am Abhang erbauet, und auf dem Gipfel des Berges steht der alte ‚Langhans', welcher mit dem Ernst des Alters und mit der Gutmütigkeit des Riesen um sich blickt und uns vielsagende Grüße aus den grauen Tagen der Väter entbietet." (Holder: Hohenbeilstein in der Geschichte)

Der 30 m hohe Bergfried an der Ostseite und die Ringmauer stellten damals eine fortschrittliche Bauweise dar. Die Entfernung von der Spitze des fünfeckigen Turmes bis zur Ringmauer beträgt 70 cm. Er hat eine Außenbreite von 8 m und eine innere Weite von 3 m. Während

der Grundriss fünfeckig ist, handelt es sich eigentlich um ein Rechteck, dem ein Dreieck vorgelagert ist. Auf der Burg Hohenbeilstein steht das einzige Exemplar in Südwestdeutschland, wobei man den Ursprung vielleicht in dem byzantinischen Befestigungswesen suchen kann. Einen großen Vorteil erweist die Spitze, denn so bildet sie gegen die Angriffsseite einen Abprallwinkel bei eventuellem Einsatz von Schleudermaschinen (Antwerk). Die doch sehr massiven Steingeschosse würden bei weitem weniger Schaden anrichten, als wenn diese frontal auf die Mauern auftreffen würden. Außerdem haben die Erbauer eine Vergrößerung der Verteidigungsmöglichkeiten erreicht, da eine fast doppelte Anzahl von Verteidigern zur Front auf dem Turm stehen kann. Der ursprüngliche Eingang befindet sich in etwa 7 m Höhe. Der heutige Turmabschluss trügt. Früher war hier kein Zeltdach, sondern nur eine Überdachung des Ausstiegs. Als Beweis dafür können die original erhaltenen Abwässerrinnen und die Wasserspeier dienen. Balkenlöcher im Inneren zeigen die Stockwerkseinteilungen, die heute nicht mehr vorhanden sind. Die Fachleute gehen davon aus, dass das Erbauungsdatum des Bergfrieds und der Ringmauer zur staufischen Zeit um 1200 bis 1215 liegt, wie auch die Krypta der Oberstenfelder Stiftskirche.

Es ist außergewöhnlich, dass die Burg ihren Eingang genau in Feindrichtung hat, doch darf man nicht vergessen, dass die Angriffsmittel erst einmal zur Bergkuppe hochgebracht werden mussten. Das Gelände war so beschaffen, dass sich keine Ebene vor der Ringmauer erstreckte, die ein Aufstellen von Belagerungstürmen ermöglichte. Wahrscheinlich hatten die Erbauer vor der Errichtung der Ringmauer die Anlage durch Graben und Palisaden gesichert. Das rundbogige Burgtor war bis 1235/40 typisch für unseren Raum. Das Burgtor wirkt außerordentlich einfach, es weist nur Kämpferstücke auf, die eine steile Face zeigen. Der Burgzugang war früher im Uhrzeigersinn um den Burgberg angelegt, wobei die rechte Seite der Burg zugewandt war. So konnten sich die Angreifer nicht mit dem Schild gegen die Pfeile und Armbrustbolzen der Verteidiger schützen. An der Angriffsseite beträgt die Mauerstärke 5 m, ansonsten ca. 2,5 m. Die Höhe der Mauer mit Zinnen am Wehrgang kommt auf ca. 9 m. Das Mauerwerk besteht aus Buckelquadern von grobkörnigem Sandstein der mittleren Keuperschichten vom nahe gelegenen Fohlenberg und von den Löwensteiner Bergen. Die Mauer steht 2 bis 3 m hinter dem Plateaurand des 50 × 70 m großen Geländes, sodass ein Zwinger mit einer Brüstungsmauer entstand. Ein solcher Zwinger hatte die Aufgabe, einem eingedrungenen Feind die Angriffswucht zu nehmen. Außerdem war er nun dem zweiten Abwehrriegel ausgesetzt, von wo aus die Verteidiger die Eindringlinge „bezwingen" konnten. Zur Nordostseite waren wahrscheinlich Halsgräben ausgehoben. Den Zugang zu diesem Zwinger schuf man mit einem Durchlass an der Westseite. Die vier qualitativ äußerst hochwertigen Aborterker an der Hochmantelmauer beweisen die Sorgfalt der Erbauer.

Die Veränderungen durch die Angriffswaffen bewirkten, dass der äußere Zwinger im 15. Jahrhundert angelegt wurde. Zwei große Halbtürme, die bastionsartigen Charakter besitzen, konnten Geschützfeuer auf die gefährdete Seite nach Osten lenken. Zwei Schenkelmauern wurden mit Bruchsteinmauerwerk aus weicherem rötlichem unterem Keupersandstein zur Stadt hinunter errichtet unter teilweiser Verwendung älteren Mauerwerks. Dem Burgtor vorgelagert ist ein halbkreisförmiger Vorsprung der Zwingermauer, einer so genannten „Barbakane", ein Bauelement, an dessen arabischem Namen man die Herkunft aus den Kreuzzügen erkennen kann. Die Schießscharten in Schlüsselform sind Beweis für die spätere Entstehungszeit, da früher hauptsächlich Schlitzscharten verwendet worden waren. Über den Graben führte eine Zugbrücke, sodass man der Entwicklung der Waffentechnik durch die angesprochene Vorverlegung Rechnung getragen hat. Die Schenkelmauer zur Stadt ist älter als die äußere Ringmauer, was man an der Einbindung der Ringmauer im Osten erkennen kann. An der Ecke des Kirchhofs der Magdalenenkirche stand früher ein runder Turm mit Namen Rhodisturm.

Erst bei den Grabungen nach 1898 wurden Fundamente alter Gebäude freigelegt, die aber viele Fragen offen lassen. Ein alter Keller an der Stelle der heutigen Burgschenke konnte festgestellt werden. An der Südseite im Hochmantel befindet sich ein romanisches Doppelfenster. Im Burghof standen noch andere Gebäude, wahrscheinlich in Holzbauweise; denn Bedarf für die Unterbringung von Bewohnern, Tieren, Vorräten und Ausrüstung war immer gegeben. Daneben zeigt sich eine große Baulücke des ehemaligen Palas, wo man ein Stück Säulenschaft von einer Fenstersäule, eine Basis dazu mit steiler attischer Profilierung, ein Würfelknaufkapitell und ein Kämpferstück gefunden hat. Für die Wasserversorgung war eine Zisterne mit einer Tiefe von 8 m und einer Weite von 1,40 m gedacht, in der das gesamte Oberflächenwasser durch Rinnen auf dem Hofboden gesammelt und vorrätig gehalten wurde.

Burg Helfenberg

Innerhalb der durch den Burggraben im Westen, im Übrigen durch den nach Osten reichenden Sporn des Berges bestimmten Grenzen der Burganlage steht die Burgruine hart am Nordrand und direkt am Graben. Es handelt sich um einen rechteckigen, quaderartigen Körper, der durch den fast ebenen dachlosen Abschluss und die leeren Fensterhöhlen als Ruine zu erkennen ist. Seine Abmessungen sind: L = 15,60 m, B = 10,35 m, H = 12,00 m. Die Mauerdicken betragen im unteren Bereich: 2,30–3,50 m und im oberen Bereich: 2,00–2,90 m. Das Innere ist durchgehend hohl, und an Mauerabsätzen sowie den Kragsteinen (waagrecht aus dem senkrechten Mauerverbund herausstehende Steinkonsolen, die meist Balken zu tragen hatten) kann man erkennen, dass der Baukörper früher dreigeschossig war. Da das Untergeschoss nach dem heutigen Bestand aber über 5,50 m hoch wäre, muss man davon ausgehen, dass ein gewölbter Keller mit Zwischendecke bestanden hatte. An der Südseite führt innerhalb der Mauer eine Wendeltreppe von ca. 1,50 m vom mittleren Geschoss auf die Mauerkrone, wobei zum oberen Geschoss kein Zugang führt. Auf der Ansicht der Burg von 1832 besitzt sie noch ein Dach, das in der Zeit bis 1866 abgebrochen sein musste, weil in der Oberamtsbeschreibung Heilbronn von diesem Jahr jetzt von einer Ruine die Rede ist. Die Wehrhaftigkeit des Baukörpers wird vor allem durch seine dicken Mauern und den Halsgraben im Westen gebildet.

Das Mauerwerk wurde fast nur aus dem lokalen Kieselsandstein errichtet. Dieser ist im Vergleich zum Schilfsandstein bei weitem witte-

rungsbeständiger, da er einen geringeren Tongehalt besitzt. Während die Flächen hauptsächlich Quader mit geflächtem Haupt aufweisen, sind an den Ecken meist Buckelquader verwendet. Als Steinmetzzeichen kann man Kreuz, Dreieck, Winkel und Wolfsangel erkennen. Wie ich an anderer Stelle ausgeführt habe, ist es bei Steinmetzzeichen nicht einfach, Aussagen zu treffen, die sich stimmig auf sehr viele Anlagen übertragen lassen! Viele Untersuchungen wurden durchgeführt, die anhand der Steinmetzzeichen beweisen wollten, von wem und wann eine Burg errichtet wurde. Aber schon bei der Zuordnung der Zeichen, ob es sich um ein Versetzzeichen, um ein Abrechnungszeichen, um eine Qualitätskontrolle, um ein persönliches Meisterzeichen oder gar um etwas Mystisches handelte, sind sich die Wissenschaftler oft uneins. So sind auch die an der Ostseite verwendeten Wappenschilde, die Steinmetzwerkzeuge abbilden, nicht eindeutig zu erklären, da an der Helfenberg an anderen Stellen sehr unterschiedliche und auch üblichere Steinmetzzeichen verwendet wurden. An der Südseite wird dieser gleichmäßige Eindruck, den die Westseite vermittelt, gestört.

Die frühgotischen Maueröffnungen, wie Lichtschlitze und Fenster, sind durch ihre Lage, Form und Größe sehr wichtig für die baugeschichtliche Deutung und Beurteilung. So kann man durch die Lage und Bauausführung davon ausgehen, dass das Tor an der **Südseite**, welches wahrscheinlich den Zugang zum Keller bildete, aus der Erbauerzeit stammt. Der spitzbogige Eingang zum ersten Obergeschoss enthält einen Kanal von 1,50 m Länge für den Riegelbalken, welcher bei Gefahr oder Verteidigung aus der Mauerstärke herausgezogen wurde und das sich nach innen öffnende Tor nachhaltig verschloss. War der Wehrzweck in der Erbauerzeit nicht zu vernachlässigen, so nahm dieser immer mehr ab, sodass auch der Innenausbau Veränderungen unterlag.

Dies zeigt sich an der Helfenberg vor allem in der Gestaltung der Fenster, auf die ich noch eingehen werde.
An dem ebenerdigen Tor an der **Ostseite** kann man unschwer erkennen, dass dieses nicht dem Originalbestand zuzurechnen ist. Im Scheitelpunkt trägt es das **Gaisberg'sche Wappen**. Dieses wurde erst bei der Sanierung eingesetzt, während früher die Familie Wittstadt mit ihrem Wappen vertreten war. Zur Zeit der damaligen Besitzerfamilie wurde wahrscheinlich in der Bauphase II ein größerer Umbau vorgenommen, der den Verteidigungscharakter der Wehranlage in den Hintergrund treten ließ. Im Zuge der Sicherungsarbeiten von 1981 wurde der Eingangsbereich erneuert. Die ungewöhnlich großen Fenster vermitteln repräsentative Wohnqualität und besaßen wahrscheinlich angeputzte Holzrahmen. Der Umstand, dass sich der Mauerverbund ungestört darstellt und das Vorhandensein von Balkenlöchern, so genannten Rüstlöchern, unterhalb dieser Öffnung lassen darauf schließen, dass es sich hier um den ehemaligen Rauchabzug einer Küche handelt.

In der neueren Forschung wird bei einem solche Burgentyp von einer *„Kemenatenburg"* gesprochen. Hierbei handelt es sich um einen rechteckigen, turmartigen Bau, der die Funktion von Bergfried, Palas, Kemenate und oft einer Kapelle in sich vereinigt. Der Bautyp kommt in der Spätphase des Burgenbaus vor, wobei gerade auf das dominierende Element des Bergfrieds verzichtet wird, da dieser den kostspieligsten Teil darstellt, den wehrtechnischen Erfordernissen aber bei weitem nicht im Vergleich zum Aufwand entspricht. Gerade an der Helfenberg, wie auch an der gegenüberliegenden Wildeck, kann man erkennen, dass sich eine pragmatischere Haltung des Bauherren durchgesetzt hat, indem die Elemente des Wohnens und des Versorgens wichtiger genommen wurden. Im Vergleich zur Burg Lichtenberg und zur Burg Beilstein konnte natürlich der repräsentative Charakter zurückgenommen werden, weil das Erscheinungsbild der Burg nicht ein Hochadelsgeschlecht vertreten musste. Diesen Burgentyp kann man als frühen Übergang zum Schloss ansehen, da sich Waffentechnik und Ausrüstung so verändert haben, dass die klassische Ritterburg keine Daseinsberechtigung mehr hatte. Das Wehrhafte, Strenge, Asketische, Abschreckende hatte sich überlebt. Türen, Fenster, Wohnlichkeit und Komfort werden wichtiger.

Die Landesverteidigung übernimmt teilweise modernisierte Burgen, wie auch bei der Burg Beilstein zu erkennen ist. Bestes Beispiel sind die Burg Wildenberg im Donautal oder die Burg Hellenstein oberhalb von Heidenheim. Vor allem aber werden nun – kostenbedingt und wegen der Zentralisierung der staatlichen Macht auf landesherrlicher Ebene – Landesfestungen errichtet, wie zum Beispiel der Hohenasperg. Auch Hohenneuffen, Hohenurach, Hohentwiel und Schorndorf werden in der „Nachburgenzeit" von Württemberg auf teilweise völlig neuen Grundrissen errichtet.

Burg Wildeck

Schon ein gutes Stück außerhalb des Einzugsgebiets des Bottwartals, deshalb auch nur kürzer beschrieben, erhebt sich auf markanter Spornlage die Burg Wildeck, heute Weinbauversuchsgut der Weinbauschule Weinsberg. Schon ein flüchtiger Blick verrät dem versierten Burgenbesucher, dass diese Anlage nicht mit den Burgen Lichtenberg und Hohenbeilstein verglichen, sondern dass hier eher die gegenüberliegende Burg Helfenberg herangezogen werden kann.

Wahrscheinlich sind die Herren von Heinriet, der Name des heutigen Ortes Unterheinriet erinnert an sie, im 12. Jahrhundert Erbauer der Burg, die unter anderem eine hier vorbeiführende Fernstraße zu sichern und zu überwachen hatte. Spätere Besitzer sind vor allem die Grafen von Löwenstein, die schließlich die Anlage mit Weingut 1933 an Württemberg verkaufen.

Die Bausubstanz des Wohnturms ist bei weitem qualitativ nicht so hochwertig wie bei der Helfenberg, Maßwerk fehlt fast ganz, die Mauerstärken erreichen nur 1,60 m und Buckelquader wurden nicht verwendet. Die Erkenntnis liegt nahe, dass der heutige Turm nicht identisch ist mit der ursprünglichen Anlage, sondern eher aus dem 15. oder 16. Jahrhundert stammt. Auf der Kieser'schen Forstkarte kann man noch erkennen, dass das heutige Dach nicht identisch ist mit dem früheren Aussehen, außerdem ist noch ein unverfüllter Graben mit Brücke nachzuvollziehen. Der Typ der Wohnturmburg mit Vorburg, leichten Befestigungen und Graben ist aus früherer Zeit übernommen, hat aber nicht mehr den militärischen Zweck, sondern das Wohnen und Verwalten sind in den Mittelpunkt gerückt. Der Zahn der Zeit und vor allem auch der Beschuss durch amerikanische Artillerie im April 1945 haben dem Turm sehr zugesetzt, der durch das Einziehen von Betondecken gesichert wurde.

Fachwerkbau im Bottwartal

Es gibt kaum zwei völlig identische, über 250 bis 300 Jahre alte Fachwerkbauten. Der traditionelle Fachwerkbau ist sehr individuell und vielfältig. Dies macht die Beschäftigung mit dem Fachwerkbau so interessant und reizvoll.
Unsere Kleinregion mit den vier Kommunen Steinheim an der Murr, Großbottwar, Oberstenfeld, Beilstein samt Teilorten bietet einige repräsentative Fachwerk-Beispiele von der 2. Hälfte der Gotik bis um 1900.

1. Begriffe

„Alemannisches" und „fränkisches" Fachwerk noch aktuell?

Bis Anfang/Mitte der 1990er-Jahre sprach und schrieb man über den „alemannischen" und „fränkischen" Fachwerkbau als landsmannschaftliche Konstruktionsprinzipien, den „Schwäbischen Mann" und das „Schwäbische Weible", auch den „Wilden Mann" als Ständer/Strebenfiguren. Diese Terminologie gilt heute als überholt. Aus dem einfachen Grund, weil sich der „alemannische" ebenso wie der „fränkische" Fachwerkbau keinesfalls auf diese Stammesgebiete eingrenzen lässt.

Bestimmte Formenkreise und Bauprinzipien können nicht als stammestypisch nebeneinander herlaufend angesehen werden, sondern als zeitlich aufeinander folgend. Richtiger wäre demnach:

„Alemannisches" = mittelalterliches bzw. gotisches Fachwerk

„Fränkisches" = neuzeitliches Fachwerk (Renaissance, Barock).

Sachlich gerechtfertigt erscheint es allerdings, diese Begriffe ganz aufzugeben und dafür die allgemein bekannten und anerkannten Stilepochen auch für das Fachwerk anzuwenden: Gotik, Renaissance, Barock, dann abrückend Spätphase und Wiederbelebung.

2. Merkmale der Stilepochen und seine Repräsentanten

2.1 Gotischer Fachwerkbau (2. Hälfte Gotik)

Ehem. Haus der Johannispfründe von 1434 (jetzt Stadtschänke) am Marktplatz in Großbottwar, Hauptstr. 36

Allgemeiner Eindruck: Schmales, hohes Gebäude, steiles Dach, senkrechte bzw. steile Linien werden betont. Klar erkennbare Konstruktion. Hölzer mit wuchtigen Dimensionen sind eher sparsam, aber überlegt verzimmert.

Erbaut 1434 als Haus der Johannispfründe der nahen Allerheiligenkirche Großbottwar, 1984 aufwändig saniert und zur Gastwirtschaft mit Fremdenzimmern ausgebaut.

Merkmale: Voll ausgebildeter Stockwerkbau (jedes Stockwerk und das Dachwerk für sich abgezimmert und aufeinander gesetzt).
Hausbreite Bohlenstube im 1. Obergeschoss zum Marktplatz.
Keine durchgehende Schwelle, Schwellriegel seitlich eingezapft. Ständer stehen auf Balkenköpfen bzw. der außen sichtbaren Dielung.
Rückseitiger Giebel zur Schulgasse abweichend gezimmert: dreifache Vorkragung nicht auf Stichbalken wie am Giebel zum Markt, sondern auf vorspringenden Pfetten/Rähmköpfen.

2.2 Renaissance-Fachwerkbau

Rathaus am Marktplatz Großbottwar, 1556 erbaut von Zimmermeister Jerg Mor als zweites Rathaus der Stadt.

Der frühere Großbottwarer Archivar Albrecht Obenland stellte anhand eines Eintrags in das Rechnungsbuch der Stadt von 1603 fest, dass dieses Rathaus ursprünglich zwei Dächer mit einer Rinne besessen hatte, die Probleme bereiteten. Diese konnte man nur dadurch lösen, dass man diese Dächer abbrach und das jetzige Dachwerk neu zimmerte. Der Bau wurde also erst 1602/3 in der jetzt erkennbaren Form vollendet. Ein Indiz dafür sind die etwas ungewöhnlichen Proportionen und die unterschiedlichen Zimmerungsformen des Giebeldreiecks zum Marktplatz.

Allgemeiner Eindruck: Sehr repräsentatives Fachwerk mit kräftigen Hölzern.

Konstruktion durch die zahlreichen Zierelemente an der Hauptsichtfront im Vergleich zur „Stadtschänke" schon etwas unklar, ein wenig „verdeckt". Bau eher bodenständig breit hingelagert.

Ungewöhnlich ist die mit 17,23 m deutlich größere Breite gegenüber 13,58 m Länge des Rathauses. Während die Deckenbalken sonst meist quer zum First verlegt sind, laufen sie hier „den kurzen Weg" parallel zum First bzw. den Traufseiten. Das hat einen leicht nachvollziehbaren Grund: Kürzere Balken sind leichter zu gewinnen, zu transportieren und zu verzimmern.

Merkmale:

Vier Schiffe, drei Zonen.
Drei Vollgeschosse, vier Dachgeschosse.
Massive Sandstein-Giebelwand.
Schwellen nicht durchlaufend, sondern als Schwellriegel seitlich in Eck- und Bundständer eingezapft.
Doppelte Rähme in beiden Vollgeschossen.
Dreiseitig mehrfach vorkragend.
Reiche Zierformen mit „Feuerböcken" als Leitform, geschweiften Kopfwinkelhölzern und später meist angewitterten bzw. abgebeilten Knaggen.

Interessante Befensterung: Fensteröffnungen paarweise links und rechts von Wandständern sowie zwei über Eck laufende Fensterbänder im 2. OG. Man darf davon ausgehen, dass alle anderen Fensteröffnungen ursprünglich mit einfachen Holzläden geschlossen wurden. Allenfalls die kleinen Öffnungen über den größeren Fensteröffnungen in den Vollgeschossen z. B. an der „Danzstatt" waren verglast.

Das sollen die sprossenlosen und etwas zurückgesetzten Fenster verdeutlichen, die eher an „Löcher" erinnern, was genau der Eindruck gewesen sein muss, wenn die Fensterläden geöffnet waren.

Was man hier seit 1986 in seltener Fachwerk-„Geschlossenheit" bewundern kann, ist das Ergebnis eines großen Rückbaus, einer Rekonstruktion des ursprünglichen Renaissance-Fachwerks. Um 1780 kam eine große Aufklärungs- und Modernisierungswelle auch über bestehende Fachwerkbauten. Nach dem Motto „Licht, Luft und Sonne" wurden in die Vollgeschosse unzähliger bestehender Fachwerkhäuser gleichmäßig hohe „Durchfensterungen" hineingebrochen. Auch das Verständnis von öffentlicher Verwaltung änderte sich. So wurde auch das Rathaus Großbottwar 1782 aus heutiger Sicht ein Opfer der Modernisierungswelle. Damals sah man es als Fortschritt an. Von den Wandaufbauten blieben fast nur noch die Bundständer und Eckständer in den Vollgeschossen übrig. Die damals neuen Streben, Fenster- und Wandständer sind deutlich schmaler. Die geschweiften Andreaskreuze scheute man sich wohl wegzuwerfen und setzte sie direkt unter die Fensterbrüstungen. Die einstmals durch die jetzt rekonstruierten Fensterbänder deutlich hervorgehobenen Stuben waren äußerlich nicht mehr ablesbar. Just 1781 ließ Herzog Karl Eugen auch die kostbaren bunten Kabinettscheiben an der Gerichtsstube ausbauen und abtransportieren – evtl. der Auslöser des Umbaus? Einzig zurück blieb die „Stadtwappenscheibe".

2.3 Fachwerk des Barock

Ideal des Barock war es bekanntlich, große, glatte Flächen und kubische Baukörper zu vermeiden. „Horror vacui". Alles soll sich bewegen, strömen und gegliedert oder gerundet sein.

Rathaus Beilstein am früheren Markt, Hauptstr. 21

Erbaut 1708 (Abschluss des Fachwerkgerüsts) auf stehen gebliebenen Erdgeschoss-Umfassungsmauern von 1598/9 und älterem Gewölbekeller. Ähnlich wie das Rathaus Großbottwar ursprünglich Multifunktionsbau und ebenso Standort am Markt.

Erster Eindruck: Eine noch dichtere Anordnung der Hölzer, eher noch mehr Zierformen als in Großbottwar, die die Gliederung des Baus überlagern. Allerdings fast nur auf der Hauptschauseite zur Hauptstraße, früher zum Marktplatz. Nun ist ja das Barock im Wesentlichen ein

Stil des Katholizismus, der Gegenreformation. Dem Protestantismus war das Üppige, Ausschweifende eher fremd und außerdem befand man sich ja in der Wieder-Aufbauphase nach den katastrophalen Zerstörungen von 1693. Für diese Zeit stellt das Beilsteiner Rathaus eine erstaunliche Leistung dar.

Die Merkmale: Drei Vollgeschosse, davon Erdgeschoss außen massiv, zwei Obergeschosse Fachwerk, drei Dachgeschosse Fachwerk.

Drei Zonen, aber unterschiedliche Zahl von „Schiffen": drei und vier.

Im EG zwei kräftige, im 1. OG vier schlankere gedrechselte Säulen.

Erstes Beispiel in dieser Reihe mit durchgehenden Schwellen.

Zierelemente jetzt hauptsächlich Kopfwinkelhölzer sowie „S"-Hölzer mit Nasen.

Fensteröffnungen in den Vollgeschossen verändert.

Auch dieses Rathaus deutlich breiter als tief (ungefähr 16,5 m auf 13 m), aber die Deckenbalken verlaufen den „langen Weg", quer zum First.

Zur Hauptstrasse dreifache Vorkragung.

Mindestens drei von außen erkennbare, teils beschädigte Fenstererker im 2. OG signalisieren, dass sich dort ebenfalls die „Hauptebene" mit beheizbaren, repräsentativen Räumen befunden hat.

Das Rathaus in Steinheim an der Murr kann als Gegenstück zum Beilsteiner Rathaus und zweites barockes Anschauungsobjekt des Bottwartales dienen. Seitlich offene EG-Halle mit massiven Außenmauern datiert 1580. Fachwerk 1685–87. Überdachte Außentreppe von 1765. Trotzdem ein Bauwerk „aus einem Guss".

Barockes Rathaus Steinheim an der Murr

2.4 Spätphase und konstruktives Fachwerk von ca. 1780 bis 1860

Fachwerk/Holzbau kam vom Erscheinungsbild her etwa ab Mitte des 18. Jahrhunderts mehr und mehr aus der Mode. Da Massivbau teurer, die Zimmermannsfertigkeiten aber vorhanden waren, reduzierte man Fachwerk schrittweise auf das konstruktiv und statisch Nötige. Hölzer waren oft nicht mehr kantig gesägt oder gehauen, sondern gerundet. Die Umfassungsmauern der Erdgeschosse erbaute man massiv, die Innenwände, das Obergeschoss und die Giebel weiterhin in Fachwerk. Aber man gab ihm durch Verputzen die Optik von Steinbauten. „Verräterische" Stockwerk-Vorkragungungen und vorkragende einzelne Balkenköpfe verschwanden. Das ging im 19. Jahrhundert so weit, dass man auf die Brüstungsriegel unter den Fenstern kräftige Sandsteinfensterbänke setzte. Somit war die äußere Wirkung täuschend.

Auch die württembergische Landesregierung schrieb das Verputzen von Fachwerkbauten angeblich aus Gründen der Feuersicherheit vor, erst 1758 bei neu erbauten Fachwerkhäusern, dann 1811 auch bei bestehenden. Allzu sklavisch scheint man sich nicht an die „Rescripte" gehalten zu haben. Oft verputzte man nur den Giebel oder die Hauptsichtseite der Häuser. Wirtschaftsgebäude aus Fachwerk blieben meistens, wie sie waren. Bei staatlichen bzw. amtlichen Gebäuden nahm man es hingegen genauer. Aus neuerer Sicht muss gesagt werden, dass Verputz insbesondere an den Wetterseiten Fachwerk eher schadet, vor allem die heute üblichen Zement- oder stark zementhaltigen Putze und Kunstharzputze. Das liegt zum einen daran, dass sich irgendwo im Putz

Evangelisches Gemeindehaus, Gartenstraße 1, Großbottwar

immer mehr oder weniger feine Risse bilden; auch die Fensterbänke sind Schwachstellen. Fast zwangsläufig dringt irgendwie Wasser ein, das viel schlechter abtrocknen kann als bei Sichtfachwerk. Auch entsteht im Winter während des Heizens ein „Dampfdruck" auf die Außenwände. Dann ist es gut, wenn der Dampf leicht durch die Fachwerkaußenwände diffundieren kann, volkstümlich: „atmen".
Erbaut gegen 1780 von Adam Müller, zumindest 1914–17 Gemischtwarenhandlung von Otto Gmelich mit Darlehenskasse, könnte jedoch von Anfang an als Wohn- und Geschäftshaus eines relativ wohlhabenden Handelsmannes gebaut worden sein. Seit 1993 evangelisches Gemeindehaus. Erbaut just zu einer Zeit, als man „vernünftiger", rationeller, kostenbewusster baute. Fachwerk wurde „out". Typischer Bau der Übergangszeit vom Sichtfachwerk zum konstruktiven, verputzten Fachwerk. Barock bzw. traditionell sind noch das Traufgesims, Stichbalken am Giebel und Andreaskreuze unter den wahrscheinlich von Anfang an großen regelmäßigen Fenstern. Keine Vorkragungen mehr.

Merkmale:

Fachwerk im Obergeschoss und an den beiden Giebeln.
Keine Vorkragungen mehr.
Relativ schlanke Hölzer.
Von den Ständern losgelöste wandhohe, relativ steile Streben.
Einzige barocke Reminiszensen:
Längsprofil unter der Dachraufe („Gesims"),
Andreaskreuze unter den Fenstern,
Stichbalken an den Giebeln.

Klassizistisches Wohnhaus, Auensteiner Str. 2 in Beilstein. Das eigentlich auf Verputzen angelegte, konstruktive Fachwerk wurde nachträglich freigelegt.
Links oben die steinernen Fensterbänke, die zur Optik eines Massivhauses beitragen sollten.

Kirchstraße 2 in Großbottwar mit Giebel zum Marktplatz ist am linken Eckständer 1799 datiert. Die Kerbschnitzerei macht nur bei Sichtfachwerk Sinn, obwohl es seit 1758 in Württemberg vorgeschrieben war, neue Fachwerkhäuser – angeblich aus Feuersicherheitsgründen – zu verputzen.

Wiederbelebung des Fachwerks von ca. 1870 bis zum Ersten Weltkrieg

Küfergasse 2 in Oberstenfeld, heute Töpferei, um 1800. Übergang vom Sicht- zum Putzfachwerk, eines der wenigen Beispiele mit Kniestock.

Ob Gründerstil, Historismus oder der im Bottwartal nicht anzutreffende voll ausgeprägte Jugendstil – der wohlhabend werdende Bürger suchte im Zeichen der aufkommenden industriellen Revolution ein Stück heile Welt zu Hause. Beim Bauen griffen die, die es bezahlen konnten, voll in die „Trickkiste" der Kunstgeschichte der verschiedensten europäischen Regionen – beim Holzbau vom russischen Blockhaus bis zum alpenländischen, romantisch überhöhten Chalet. Ein häufiges Stichwort lautete jetzt „Schweizerhaus-Stil". Sicht- und Zierfachwerk waren wieder „en vogue", häufig, wie Versatzstücke, nicht am ganzen Gebäude, sondern nur an Bauteilen wie Zwerchgiebel oder Erker. Lange wurde der „Zuckerbäckerstil" belächelt, heute sehen wir in ihm den Zeitgeist und schätzen die meist gediegene handwerkliche Qualität. Am ausgeprägtesten finden wir bauliche Zeugen in größeren Städten, vor allem denen, die durch den Eisenbahnanschluss oder einen Hafen an der Industrialisierung und am Handel voll partizipieren konnten.

Dagegen blieb das Bottwartal noch weithin landwirtschaftlich geprägt. Die Schmalspurbahn brachte zwar ein gewisses Zubrot, machte aus kleineren Bauern Arbeiterbauern. Das große Geld aber fehlte. Deshalb finden wir bei uns nur wenige Fachwerk-Beispiele aus der Zeit der Wende vom 19. ins 20. Jahrhundert. Zwei Beispiele schuf Robert Vollmöller kurz nach 1900 bei der Gutskelter und dem „Unteren Schloss" in Beilstein, heute Haus der Kinderkirche, hier Fachwerk später verputzt.

Wohnhaus im „Schweizerhaus-Stil", Lichtenberger Str. 11, Oberstenfeld. Merkmale: weit überstehendes, relativ flach geneigetes Dach. Eher sparsamer Schmuck. Graue Balkenfarbe nicht nach Befund. Dachgauben und hinterer Schleppdach-Anbau später.

Zwar Fachwerk im Obergeschoss und in den Giebeln, aber mit der Original-Holzverkleidung aus dem Erbauungsjahr 1896, das so genannte „Doktorhaus", Auensteiner Str. 3, Beilstein. Oben rechts so genanntes Flugsparren-Dreieck für Schwebegiebel (Belebung einer mittelalterlichen Erfindung).

3. Schlussbemerkung

Etwa mit dem Ersten Weltkrieg endete die erneute Renaissance des Fachwerkbaus. Neues wurde kaum mehr erfunden. Die Entwicklung war und blieb im Wesentlichen abgeschlossen, nur noch ein Abglanz der einstigen hohen Entwicklung bis in die Anfänge des 18. Jahrhunderts. Gehen Sie selbst auf Fachwerk-Spurensuche im Bottwartal, z. B. die alte Kelter in Großbottwar-Winzerhausen oder der Innenhof von Schloss Schaubeck bei Steinheim-Kleinbottwar.

Vom Kelterbann zum Schmalspurschlepper

Der Bottwartäler Weinbau einst und heute

Der älteste schriftliche Hinweis zum Bottwartäler Weinbau stammt aus dem Jahre 950: Bischof Arno von Worms hatte einem Grafen Burkhard einen Weingarten in „bodibura“, also in Bottwar zu Lehen gegeben.

In Urkunden werden für Steinheim erstmals um 978 und für Beilstein im Jahr 1338 Weinberge genannt. 1411 werden Weinberge am Wunnenstein beschrieben. Interessant ist die Nennung von „ein Morgen Traminer“ im Lagerbuch von Lembach von 1568. Dies ist der älteste bekannte Bericht über eine „edle“ Rebsorte im Bottwartal. Wie andernorts haben auch entlang der Bottwar die Klöster und kirchlichen Güter zur Verbreitung der Rebkultur beigetragen. Ein Beispiel ist der im Jahr 1776 amtierende Steinheimer Klosterküfer, der mit seiner als fortschrittlich geltenden Art der Kelterung sogar in der damaligen weinbaulichen Fachliteratur erwähnt wurde.

Auf die Ausdehnung des Weinbaus im späten Mittelalter folgte im 17. Jahrhundert mit den Verwüstungen des 30-jährigen Krieges nahezu eine Halbierung der Bottwartäler Rebfläche.

In vergangenen Zeiten war der Wein Zahlungsmittel, den Weinzehnt nutzte die Obrigkeit unter anderem zur Besoldung von Beamten und Pfarrern. Vom Auf und Ab der Weinjahre in Qualität und Quantität berichten die bis heute weitergeführten Weinchroniken von Großbottwar (ab 1600) und Beilstein (ab 1693). Die Fortschreibung der Beilsteiner Weinchronik geschieht alljährlich im Rahmen des Andreasmarkts (letzter Samstag im November).

Die Weinbauarbeiten, das Hacken oder Anbinden waren früher ebenso streng reglementiert wie der Ablauf der Traubenlese. Jeder Weinberg war in eine bestimmte Kelter „gebannt“, wo der Weinzehnt direkt unter der Kelter abzuliefern war. Der Weinerlös war eine wichtige Einkommensquelle. Die prächtigen Fachwerk-Rathäuser der Bottwartalgemeinden und andere Baudenkmäler sind daher auch dem Wein zu verdanken.

Auf ihren als „Schiller“ (aus weißen und roten Sorten gekelterter Wein mit „schillernder“ Farbe) gleich nach dem Herbst verkauften Weinertrag waren die Weingärtner dringend angewiesen. Doch oft reichte der Erlös kaum, um die angesammelten Schulden zu begleichen.

Zu Ende des vorletzten Jahrhunderts verbreitete sich neben der Reblaus auch die ebenfalls aus Nordamerika eingeschleppte Peronospora im Tal. Vor allem zwischen 1902 und 1910 verursachte diese Pilzkrankheit Totalausfälle und brachte viele Weingärtnerfamilien in Not.

Durch Erbteilung klein parzellierte, unwirtschaftliche Rebflächen sowie eine vollständige Abhängigkeit vom Weinhandel verschlimmerten diesen Zustand.

Erst die Gründung von Weingärtnergenossenschaften, die Neuordnung der Rebflur sowie der verbesserte Absatz der Weine sicherte den Erhalt des hiesigen Weinbaus und gibt ihm Chancen für die Zukunft.

Jahrhundertelang prägten Terrassen die Weinberglandschaft des Bottwartals. Gemäuer und Staffeln aus behauenen Sandsteinen zogen durch die Hänge. Das Jahr des Wengerters begann mit dem Schneiden, Biegen, Hacken und setzte sich fort über Binden und „Felgen“ (flaches Hacken) bis hin zum ersehnten Beginn der Traubenlese. Nach der Ausbreitung der Pilzkrankheiten kamen weitere Arbeiten hinzu. Gegen Mehltau wurde „geschwefelt“, Kupfervitriolbrühe wurde mit der Rückenspritze ausgebracht. Im Winter, nach dem „Pfähle ausziehen“ und „Trechen“ (Niederlegen) der Reben nutzte man die Zeit für Mauerreparaturen und andere schwere Arbeiten wie das „Rigolen“ (tiefes Umgraben). Beim „Erde tragen“ wurde abgeschwemmter Boden ersetzt. Noch heute künden aufgelassene Mergelgruben an den Waldrändern von dieser Knochenarbeit.

Diese Arbeitsbedingungen und die strukturellen Probleme wie die Besitzzersplitterung als Folge der Realteilung konnten nur durch die Flurbereinigung gelöst werden. Von Mitte der 1960er-Jahre bis Ende der 1990er-Jahre wurde die Mehrzahl der Bottwartäler Weinberge „umgestellt“. Eine zeitgemäße Rebenerziehung und der Einsatz von Maschinen ist damit möglich geworden.

Mit Sicherheit sind die Eingriffe in die Landschaft im einen oder anderen Fall zu drastisch ausgefallen und wurden landeskundlich und ökologisch wertvolle Strukturen zerstört. Andererseits konnte mit den Maßnahmen ein wirtschaftliches Fortbestehen des Weinbaus im Bottwartal gesichert werden. Dort, wo weinbauliche Nutzung endet, verschwinden die offenen, sonnengetränkten Hänge sehr schnell unter dickem Gestrüpp und verliert die Landschaft nicht nur ihren südlichen Charakter, sondern auch ihre ökologische Funktion.

In diesem Bewusstsein will der moderne Weinbau auf den Naturhaushalt Rücksicht nehmen. Begrünungen verhindern den Abtrag von Boden und Nährstoffen, weiße Duftkapseln zur „Verwirrung“ von Schädlingen in den Rebzeilen künden vom Einsatz umweltschonender Pflanzenschutzverfahren.

Früher hat der Wengerter seine Trauben im „gemischten Satz“ (Sortengemisch) angebaut, gemeinsam gekeltert und noch im Herbst an den Weinhändler verkauft. Noch um die Wende zum 20. Jahrhundert gab es im Bottwartal nur wenige Betriebe, die ihre Weine auf Flaschen füllten und selbst vermarkten konnten.

Heute sind in jedem der Bottwartäler Weinorte namhafte Weingüter und Besenwirtschaften zu finden. Neben arrondierten Großbetrieben mit über 15 ha Anbaufläche ist der Weinbau im Bottwartal vor allem durch den Nebenerwerb gekennzeichnet. Der größte Wein abfüllende Betrieb ist die Bottwartalkellerei, der 1966 gebildete genossenschaftliche Zusammenschluss der Weingärtner aus Steinheim, Großbottwar, Oberstenfeld und Beilstein.

Noch vor rund 100 Jahren wurden neben Trollinger und Riesling auch Elbling, Affenthaler und vor allem Silvaner angebaut. Heute sind die wichtigsten Rebsorten im Bottwartal nach wie vor Trollinger und Riesling, gefolgt von Schwarzriesling, Lemberger und Spätburgunder. Herrschte noch in den 1930er-Jahren das Weißgewächs vor, so liegt heute der Anteil der roten Rebsorten bei 67 %.

Der Weinbau und der Wein haben das Bottwartal und seine Menschen geprägt. Deutlich wird dies bei einem Gang durch die alten Ortskerne, einer Wanderung durch die Weinberge oder in fröhlicher Runde auf einem der Bottwartäler Weinfeste.

	Rebflächen in ha (Gemeinden mit Teilorten)			
Jahr	*Steinheim*	*Großbottwar*	*Oberstenfeld*	*Beilstein*
1865	*200*	*263*	*133*	*113*
2001	*118*	*213*	*98*	*202*
Rebsorten 2001		*Flächenanteile in %*		
Trollinger	*18*	*45*	*40*	*26*
Schwarzriesling	*22*	*7*	*10*	*7*
Lemberger	*8*	*2*	*5*	*14*
*Spätburgunder**	*11*	*7*	*9*	*10*
Riesling	*16*	*24*	*18*	*20*
Müller-Thurgau	*5*	*5*	*7*	*6*
Kerner	*6*	*4*	*3*	*4*
Sonstige	*14*	*6*	*8*	*13*

** mit Samtrot*

Bedeutende Persönlichkeiten aus dem Bottwartal

Die Herren von Lichtenberg

werden 1197 zum ersten Mal schriftlich erwähnt, doch hatten deren Vorfahren schon früheren Bezug zum Bottwartal. Dazu gehörte Oudalricus (Ulrich), Kanzler unter den Kaisern Heinrich II. und Konrad II. (erster Salierkaiser, ab 1024). Der Kanzler wird im Zusammenhang mit der Gründung des adeligen Chorfrauenstiftes Oberstenfeld um 1016 mehrfach genannt. Nach seinem Tode 1032 wurde er in der Stiftskirche Oberstenfeld beigesetzt. Die hochadeligen Herren von Lichtenberg stellten für König Albrecht den Geheimschreiber Sigibodo (Siboto), der 1302 Bischof von Speyer wurde. Er liegt dort in der Krypta des Domes.

Dem Kaiser Ludwig dem Bayern dienten gleich zwei Brüder: Albrecht Hummel von Lichtenberg als Marschall, der mehrfach mit ihm nach Italien zog, sowie Hermann von Lichtenberg. Dieser war Kanzler des Kaisers, ebenfalls mehrere Male in Italien, zudem ab 1333 Fürstbischof in Würzburg und damit Herzog von Ostfranken. Er ruht im Würzburger Dom.

Dietrich von Plieningen zu Schaubeck

geboren um 1453, wurde im Jahre 1480 von Graf Eberhard V. im Bart mit Burg Schaubeck, beträchtlichen Gütern und Rechten belehnt. Er hatte von 1471 bis 1479 in Freiburg, Pavia und Ferrara Jura studiert und in Italien den geschätzten Doktorhut des Römischen Rechts erworben. Als Starjurist vertrat er die Interessen seines jeweiligen Dienstherren auf Reichstagen, wurde Rat bei Herzog Albrecht IV. in Ober- und Niederbayern und 1507 auf Grund seiner Verdienste von Kaiser Maximilian I. zum „Goldritter" geschlagen. Nun durfte er als Zeichen dieser Ehrung eine goldene Kette und goldene Sporen führen. Bis zu seinem Tode war er Mitglied des Schwäbischen Bundes und von 1488 bis 1495 Rat und Diener unter Graf (1495 Herzog) Eberhard.

Seiner hohen Begabung und seinen Interessen folgend trat Dietrich von Plieningen im Alter von über 50 Jahren als Übersetzer der lateinischen Schriftsteller Cicero, Sallust, Plinius und Lukian auf. Seine humanistischen Freunde nannten ihn im Stil der Zeit latinisiert Plinius. Obwohl seine Übersetzungen Kaiser und Fürsten gewidmet waren, schrieb er so, dass eine größere Leserschicht sie verstehen konnte. Eine von ihm zusammengetragene Sammlung von beglaubigten Abschriften wichtiger Dokumente erschien 1514 im Druck. Noch im Jahre 1779 wurde – zum letzten Mal – die sogenannte Plieningen'sche Ausgabe der bayerischen Freiheitsbriefe herausgegeben. Dietrich von Plieningen starb am 26. Februar 1520. Nach der historischen Tradition ist er in der Gruft der St.-Georgs-Kirche in Kleinbottwar beigesetzt worden.

Literatur: Franziska Gräfin Adelmann: Dr. Dietrich von Plieningen zu Schaubeck, in Ludwigsburger Geschichtsblätter 28/1976, S. 9–149
Bührlen-Grabinger, Christine: Die Herren von Plieningen. Studien zu ihrer Familien-, Besitz und Sozialgeschichte mit Regesten. (Veröffentlichungen des Archivs der Stadt Stuttgart Bd. 36), Stuttgart 1986

Matern Feuerbacher

Über die Eckdaten seines Lebens ist wenig Genaues bekannt: Er wurde um 1480 in Großbottwar geboren, für sein Todesjahr finden sich keine Quellen. In seiner Heimatstadt war er Gast- und Schankwirt, Magistratsmitglied, Vertrauter des Vogtes, auch Ansprechpartner des benachbarten Adels. Ins Licht der weiteren Öffentlichkeit trat er 1525, als sich die Bauern gegen die Herrschaft des Adels und der Geistlichkeit wehrten. Zunächst lokaler Anführer aufmüpfiger Großbottwarer Bauern, wurde er durch Zuruf Sprecher der Aufrührer des Bottwar- und Schozachtals, erwählter Hauptmann aller hinzuströmenden Unterländer Bauern, oberster Hauptmann der gesamten württembergischen Bauernhaufen und hatte 15 000 bewaffnete Männer unter seinem Befehl. Als Eroberer, Verteidiger und Organisator des Landes war Feuerbacher für 14 Tage Herr von Württemberg. Doch das Bauernheer wurde am 12. Mai 1525 bei Böblingen vernichtend geschlagen, Feuerbacher konnte entkommen und fürs Erste untertauchen. Ende 1526 aufgegriffen, kam es zum Prozess vor dem Kaiserlichen Hofgericht in Rottweil. Nach seinem überraschenden Freispruch ein Jahr später ist Feuerbacher nach Zürich ausgewichen, wo er lange lebte, doch später wieder wegzog. Bemerkenswert ist, dass er 1525 einen Schutzbrief für Barbara von Weiler auf Lichtenberg und deren neugeborenen Sohn ausgestellt hatte. So blieb die Burg unzerstört.

Literatur: Ehmer, Hermann: Matern Feuerbacher und der Bauernkrieg, Begleitheft zur Ausstellung in Großbottwar. 1988, 14 S.

Melchior Jäger von Gärtringen zu Höpfigheim

kam erst in späteren Lebensjahren in unsere Gegend. Als Sohn des Untervogts Jäger 1544 in Neuffen geboren, studierte er in Tübingen und tat zunächst (1566) als Schreiber Dienst in der Hofkanzlei des Herzogs von Württemberg. Damit betrat er die erste Stufe einer aussichtsreichen Beamtenlaufbahn, die über den Kammersekretär zum Verwalter (von 1575 bis 1586) des Silbergewölbes im Schloss Stuttgart führte, er wurde also eine Art Finanzminister. Sein Einkommen erlaubte es ihm nun, die Schlossgüter in Gärtringen zu erwerben. Seine vielseitigen Dienste am Hofe veranlassten 1582 Kaiser Rudolf II., ihn in den reichsfreien Adelsstand zu erheben. Nun konnte sich Melchior Jäger „von Gärtringen" nennen.

Herzog Ludwig von Württemberg belehnte ihn 1587 mit Schloss und Dorf Höpfigheim, Melchior Jäger von Gärtringen nannte sich von da an zusätzlich „zu Höpfigheim". Durch ihn kam der bedeutende Baumeister Georg Beer in unsere Gegend und erstellte das Schloss neu. Auch als 64-Jähriger setzte sich Melchior Jäger von Gärtringen zu Höpfigheim am Stuttgarter Hof noch voll ein, doch erlitt er einen Schlaganfall und starb 1611. Er wurde in der St.-Georgs-Kirche zu Höpfigheim beigesetzt.

Valentin Wanner (Vannius)

wurde 1495 in Beilstein geboren. Schon in jungen Jahren trat er ins Kloster Maulbronn ein. Als aber im Bauernkrieg 1525 die Mönche dort vertrieben wurden, nützte er die Gelegenheit, dem Klosterleben zu entsagen. In Löwenstein – Wanner stand dem Gedankengut der Reformation nahe – wurde er Pfarrer und Kaplan. Er hatte Kontakt mit Männern um Johannes Brenz, den Reformator Schwäbisch Halls, verließ später Löwenstein und ging ins Ansbachische, wo schon seit 1528 die Reformation eingeführt war.

In Württemberg war 1534 unter Herzog Ulrich begonnen worden, das Land zu reformieren. Da wollten die Beilsteiner Valentin Wanner in ihrem Städtchen haben, ab 1535 blieb er dort für zwei Jahre.

Der jungen evangelischen Kirche fehlte es an tüchtigen Geistlichen, so berief man Wanner nach Stuttgart an die Leonhardskirche. Außer dem Predigtamt wurden ihm weitere wichtige Aufgaben in der Kirchenleitung übertragen. Während des Interims – nach dem Schmalkaldischen Krieg, als kaiserliche Truppen spanischer Herkunft Württemberg besetzt hielten – musste Wanner in den Hintergrund treten, konnte jedoch weiterhin leitende Aufgaben wahrnehmen.

Nach dem Tode Herzog Ulrichs trat 1550 dessen Sohn Christoph die Regierung an. Er vertrat einen entschieden evangelischen Standpunkt. Als der Kaiser 1555 endgültig die evangelische Religion anerkennen musste, kam auch das Ende des Interims. Wanner beteiligte sich neben seinem Pfarramt maßgebend an der Organisation der Kirche. Ihm war besonders die Ausbildung des geistlichen Nachwuchses aufgetragen. Mehrere einstige Klöster erschienen dafür geeignet. So wurde Wanner der erste evangelische Abt des Klosters Maulbronn, wo ja heute noch ein theologisches Seminar besteht.

Valentin Wanner hat außer seinem organisatorischen Wirken, seinem Einsatz für die Ausbildung des Theologennachwuchses auch wichtige Grundsatzfragen bearbeitet, die Herzog Christoph veröffentlichen und verteilen ließ, selbst an Kaiser Maximilian II., mit dem der Herzog befreundet war. Valentin Wanner starb am 27. August 1567 in Maulbronn. Das Gemeindehaus der evangelischen Kirchengemeinde Beilstein trägt seinen Namen.

Literatur: Ehmer, Hermann: Valentin Vannius (1495–1567) Der Reformator aus Beilstein, in Beilstein in Geschichte und Gegenwart, 1983, S. 453–457
Ehmer, Hermann: Valentin Vannius und die Reformation in Württemberg, in Veröffentlichungen der Kommission für geschichtliche Landeskunde in Baden-Württemberg Reihe B Bd. 81, 1976

Johannes Nefflen

wurde 1789, im Jahr der Französischen Revolution, in Oberstenfeld geboren. Nach Schule und Ausbildung für die Verwaltung war er zunächst Schreiber in Murr, ab 1816 Schultheiß und Landwirt in Pleidelsheim. In seiner Gemeinde sorgte er für Verbesserungen im landwirtschaftlichen wie auch im sozialen Bereich. Zunächst zollte ihm die Behörde hohe Anerkennung, von der Bevölkerung wurde er zum Abgeordneten des Oberamts Marbach in die Zweite Württembergische Kammer gewählt. Doch er geriet mit seiner politischen Meinung, seiner Zivilcourage und seiner Fähigkeit, Missstände satirisch zu geißeln, in Konflikt mit den Behörden. Sein Podium waren die demokratischen Blätter „Der Hochwächter“ und „Stuttgarter Beobachter“, deren Herausgeber er zeitweise war. Doch das brachte ihm Aufenthalte auf dem Hohenasperg in den Jahren 1836 sowie 1839/40 ein und ihn schließlich um Amt und Würden: Nachlässige Amtsführung, behaupteten die einen, treffsichere Polemik, mutmaßten die anderen als Grund für die Einkerkerung auf dem „Herrenberg“, dem „Ölberg Württembergs“, wie der Demokrat die Festung nannte. Mit seinen zeitnahen, unterhaltsamen, doch kritischen Geschichten „Der Vetter aus Schwaben“ war er der meistgelesene Volksschriftsteller seiner Zeit. Im Zusammenhang mit der Revolution 1848 floh er aus Heilbronn nach Straßburg, 1849 wanderte er nach Amerika aus. Dort sei der Autor des „Vetter von Schwaben“ (1837), so Rudolf Krauß in der „Schwäbischen Literaturgeschichte“, „infolge praktischer Anschauung von seiner Vorliebe für die republikanische Staatsform bedeutend zurückgekommen“. Wer mag das beurteilen? Nefflen starb 1858 in Cumberland/Maryland auf dem Rückweg nach Schwaben.

In der ersten Auflage des „Vetter aus Schwaben. Schwabenbräuch und Schwabenstreich aus dem Leben gegriffen“ heißt es in einem Motto zur „Warnung“ des Lesers: „Die Satyre wirkt sehr verschieden, und die Ursache davon liegt allein in der mehrfachen Art des Genusses; sie ist hierin den Distelköpfen ziemlich gleich: denn auch bei diesen kommt es sehr darauf an, ob ein Distelfinke seine Nahrung daraus pickt, oder ob davon ein heißhungriger Wolf im Eselstalle das Maul vollnimmt.“ Nefflens Widersacher im Oberamt Marbach hieß Wolf!

Literatur: Gaese, Heinrich: Johannes Nefflen, in: Oberstenfeld, Gronau und Prevorst in Geschichte und Geschichten III, 1998, S. 59–75.

Robert Vollmöller

hatte sichtbare Bedeutung für Beilstein. Er wurde am 29. Oktober 1849 in Ilsfeld geboren. Sein Vater betrieb zusammen mit seiner Frau einen kleinen, aber umtriebigen Laden. Nach Besuch der Volks- und dann der Lateinschule ging Robert im elterlichen Geschäft in die Lehre und sammelte danach in verschiedenen Firmen weitere Erfahrungen. Nach dem Tod des Vaters kehrte Vollmöller für kurze Zeit wieder nach Ilsfeld zurück. 1873 heiratete er die Tochter eines Göppinger Unternehmers und eröffnete in Stuttgart ein Wollwarengeschäft. 1881 konnte er eine kleine Trikotagenfabrik aufkaufen und bald danach mehrere

Zweigbetriebe eröffnen, die seit 1901 als „Vereinigte Trikotwarenfabriken“ fungierten. Die Sozialeinrichtungen der Betriebe galten damals als beispielgebend und fanden große Anerkennung.

Robert Vollmöller hatte eine große Vorliebe: Alte Burgen und Ruinen. Er kaufte 1898 den „Langhans“ der Beilsteiner Burg und rettete ihn vor dem weiteren Verfall. Zur Sicherung des Burggeländes kaufte er die Weinberge rund um den Schlossberg und ließ Gebäude sanieren, einige z. T. nach mehr oder weniger romantischen Vorstellungen neu aufbauen. So das „untere Schloss“, das heutige „Haus der Kinderkirche“. Über dem alten Keller (Burggaststätte) hatte er den „Kavaliersbau“ errichten lassen, doch fiel dieser 1908 einem Brandanschlag zum Opfer. Da verlor der inzwischen zum Kommerzienrat und Ehrenbürger der Stadt Stuttgart ernannte Burgbesitzer die Lust. Am 28. Oktober 1911 starb er, einen Tag vor seinem 62. Geburtstag.

Das Bild von Hohenbeilstein – diese Bezeichnung für die obere Burganlage hatte Vollmöller geprägt – wird heute bestimmt durch die Renovierungen und Neubauten um 1900.

Quelle: Robert Vollmöller, in: Beilstein in Geschichte und Gegenwart, 1983, S. 461

Eine echt schwäbische Verwandtschaft

geht um mehrere Ecken und überspringt ohne Mühe engere Familienbeziehungen, sie reicht über ein Bäsle, über deren Tochter ihr'n Schwiegervater (also über den Schwiegervater der Tochter) zu dessen jüngerem Bruder, der ein Geschäft hat oder im Stadtrat sitzt oder gar Gedichte macht. Alles noch Verwandte! So steht z. B. in Oberstenfeld ein Haus, das um 1720 ein Kodweis aus Marbach erstellt hat. Da hätte Friedrich Schiller sagen können: „Meiner Mutter ihr Großvater [Schiller kannte ja den schwäbischen Genitiv von Jugend auf] hat einen Bruder gehabt, und der ist mit einer Oberstenfelderin verheiratet gewesen.“ Verwandtschaftliche Beziehungen zur Literatur in Oberstenfeld, so weitschweifig wie der Blick vom Turm der Burg Lichtenberg hinaus ins Land. Ein weiteres Beispiel: Im Mühlhof unterhalb der Peterskirche wohnte der begüterte Kratzmüller. Der heiratete 1706 in dritter Ehe eine gewisse Sarah Hölderlin. Die Schwiegermutter zog nach, denn in Oberstenfeld war auch eine Enkelin geb. Hölderlin verheiratet, und ein Sohn hatte in Großbottwar eine gute Position. Lauter Hölderlin.

Die Schwiegermutter war dann die Ur-Urgroßmutter des Dichters Friedrich Hölderlin (1770–1843). Und der Kratzmüller unterm gleichen

Dach: Über seine Tochter wurde er der Ur-Urgroßvater von Gustav Schwab (1792–1850). Schwäbische Verwandtschaften!

Großbottwar hat da noch mehr zu bieten:

Der Ruhm, wie alle Schwindelware,
hält selten über tausend Jahre.
Zumeist vergeht schon etwas eh'r
Die Haltbarkeit und die Kulör.

So dichtete Wilhelm Busch. Und was er meint, trifft auf eine ganze Anzahl einst berühmter Großbottwarer Namen und Familien zu. Nicht aber auf Namen wie Hegel, Gerok, Kerner oder Uhland. – Was haben die mit Großbottwar zu schaffen?

Der Reihe nach: Ein Kantner (Kannengießer, Zinngießer) Johannes Hegel, ein habsburgischer Glaubensflüchtling, lässt sich vor 1550 in Großbottwar nieder. Beim Rathausneubau 1556 ist er Stadtpfleger. In der siebenten Generation nach ihm erscheint der Philosoph und Staatsrechtslehrer Georg Wilhelm Friedrich Hegel, der Professor der Professoren. Sein Nachruhm hält sich ungeschmälert.

Der Vogt von Neidlingen Georg Friedrich Gerok, ein zu seiner Zeit berühmter Mann, kam 1705 in Großbottwar zur Welt. Seine Voreltern waren Weingärtner. Den Aufstieg in die Honoratiorenschicht verdankt er seiner Mutter: Sie war eine geborene Hegel, aus der schon genannten Familie. – Aha! Aus einem der Urenkel des Vogts Gerok ist dann der Oberhofprediger und Dichter Karl Gerok geworden.

Auf zwei schlichten Grabsteinen im Weinsberger Friedhof steht: „Hier ruht Friederike Kerner und ihr Justinus." Das Rickele. Sie ist im Pfarrhaus zu Großbottwar aufgewachsen, wo ihr Vater als Erster Stadtpfarrer amtierte. Nach ihrer Heirat mit Justinus Kerner war sie der ruhende Pol in dessen unruhigem Weinsberger Arzthaus. Der Freundeskreis der schwäbischen Dichter hätte ohne ihr Zutun sich dort kaum so entwickeln können, wie es dann der Fall war. Das Rickele hat sehr wohl teil am Nachruhm des Arztes, des frühen Psychotherapeuten („Die Seherin von Prevorst"), des Dichters und Schriftstellers.

Bald nach dem Tod von Rickeles Vater (1805) bezieht der Pfarrer Ernst Christoph Uhland das Pfarrhaus in Großbottwar. Er ist, wie Rickeles Vater, ebenfalls in Großbottwar begraben.

Über den Onkel wurde der Neffe Ludwig Uhland zur Schaffung der vier Balladen über den „Rauschebart" (Graf Eberhard von Württemberg, der „Greiner") angeregt, als er über die Geschichte des Wunnensteins Näheres erfuhr. Die Älteren unter den Lesern kennen sie noch: Den „Überfall im Wildbad", „Die drei Könige zu Heimsen", „Die Schlacht bei Reutlingen" und „Die Döffinger Schlacht".

Im 19. Jahrhundert wurde eine Aussichtswarte auf der Ruine des Kirchturms der ehemaligen Kirche auf dem Wunnenstein errichtet. Dieser Bau geht auf eine Initiative Ludwig Uhlands zurück.

Quelle: Neuffer Hermann: Einzeldarstellungen zur Ortsgeschichte, im Mitteilungsblatt der Stadt Großbottwar 10. 3. 1983

Beilstein

Beilstein heute

Beilstein, ein kleines Städtchen (5 000 E.) mit einem bemerkenswerten Fachwerkrathaus, liegt malerisch von den Weinbergen des Wartberges umgeben am Fuß der Burg Hohenbeilstein. An den beiden Schenkelmauern, die von der Burg zur Stadt herabziehen, liegen auf halber Höhe die Magdalenenkirche und das Haus der Kinderkirche. Die Lage am Übergang von den Weinbergen der Neckarseitentäler in das Waldgebiet der Löwensteiner Berge macht den besonderen Reiz Beilsteins aus. Ein Großteil der Markung liegt im Landschaftsschutzgebiet „Naturpark Schwäbisch-Fränkischer Wald". Nahezu die Hälfte der Fläche ist mit Wald bedeckt, was Beilstein zur waldreichsten Gemeinde im Kreis Heilbronn macht.

Die einzelnen Stadtteile, Weiler und Gehöfte, die heute zur Gemeinde Beilstein mit insgesamt 6 300 Einwohnern gehören, sind förmlich in Grün eingebettet und garnieren das Schmidbachtal an seinen Hängen und Höhenzügen bis hin zum Stocksberg. Das Schmidbachtal ist deshalb ein ideales Wandergebiet und seine Ausdehnung und Besiedlung lassen sich eindrucksvoll anhand der Einwohnerzahl der Kerngemeinde, Teilorte und Weiler darstellen: Beilstein (5 000 E.), Schmidhausen (540 E.), Billensbach (150 E.), Etzlenswenden (80 E.), Farnersberg (20 E.), Gagernberg (30 E.), Jettenbach (120 E.), Kaisersbach (50 E.), Klingen (50 E.), Maad (30 E.), Söhlbach (30 E.), Stocksberg (90 E.), Öhlmühle (4 E.).

Beilstein besitzt ein Hallenbad und betreibt gemeinsam mit Oberstenfeld ein attraktives geheiztes Freibad mit mehreren bis zu 100 m langen Rutschbahnen. Aus einer ehemaligen Lateinschule ging das Herzog-Christoph-Gymnasium mit etwa 900 Schülern hervor.

Linienbusse verkehren regelmäßig in die Richtungen Marbach und Heilbronn.

Beilstein in der Geschichte

Siedlung des hohen Mittelalters

Beilstein gilt als Siedlung des hohen Mittelalters, die sich im zeitlichen und räumlichen Anschluss an die stauferzeitliche stattliche Burg ent-

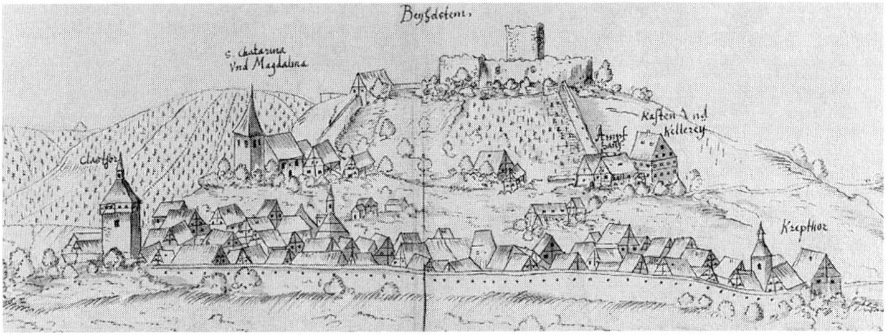

Älteste authentische Stadtansicht 1664 von Beilstein

wickelte. Dafür spricht auch die wenig siedlungsgünstige Lage im ehemals sumpfigen Tal des Söhlbachs. Jedoch könnte die exponierte Lage der Pfarrkirche St. Anna außerhalb der ehemaligen Stadtbefestigung auf eine ältere Siedlung hinweisen. Ebenso wie die benachbarten Burgen Wunnenstein, Lichtenberg und Scheiterburg bei Oberstenfeld lag Hohenbeilstein im Grenzgebiet adeliger Herrschaftsgebiete, die ihren Einfluss sichern bzw. ausbauen und/oder Verkehrswege („Heerweg") kontrollieren wollten. Mit dem Aufkommen von Feuerwaffen und dem Verschieben der Grenzen verlor Beilstein seine strategische Bedeutung.

Erste urkundliche Nennungen

Da die meisten Urkunden 1693 während des französisch-pfälzischen Erbfolgekriegs beim Einfall eines französischen Streifkorps zerstört wurden, sind Aussagen über die ältere Geschichte lückenhaft bzw. teils unsicher. Um 1150 wird ein Dietherich von Bilstein genannt, was sich wahrscheinlich nur auf die Burg bezieht. Er war höchstwahrscheinlich ein Lehensmann der einst reichen und mächtigen Grafen von Calw. In einer Aufzählung des Besitzes des Backnanger Stifts aus dem Jahr 1245 wird erstmals ein Ort Beilstein erwähnt.

Stadterhebung und Stadturkunde

Beilstein wird in einer Urkunde von 1304 erstmals ausdrücklich „Civitas" genannt. Man geht von einer Stadtgründung durch Markgraf Rudolf II. von Baden aus (ebenfalls Gründer von Backnang und des Backnanger Stifts) während seiner Regierungszeit von 1250 bis 1288.

Württembergische Amtsstadt

1304 kommt Beilstein vorübergehend, um 1344 langfristig an Württemberg und war jahrhundertelang württembergischer Amtsort (Amt = historische Verwaltungseinheit). Dazu gehörten die Weiler Etzlenswenden, Stocksberg und Farnersberg (heute Teilorte), ferner der Marktflecken Oberstenfeld, das Dorf Gronau mit Kurzach, Nassach und Prevorst, die Dörfer Helfenberg, Auenstein, Ober- und Unterheinriet sowie der Weiler Vorhof. Die Akten der Stadt und der Amtsverwaltung Beilstein von 1693 bis heute sind noch nahezu lückenlos verfügbar und lagern teilweise im Rathaus, teils im Archivgewölbe des Nachbarhauses, Hauptstraße 21.

Namen und Wappen

„Beilstein" ist höchstwahrscheinlich auf „Bühl" = kleiner Berg oder Hügel und „Stein" im Sinne von sichtbarem Felsen zurückzuführen, bezeichnet also durchaus treffend und noch heute gut erkennbar die naturräumliche Lage der Burg. Im späteren Bemühen, zu einem „sprechenden" Wappen bzw. Siegel zu kommen, wurden Beilhämmer, wie sie der Müller zum Schärfen benützte, einem Stein zugeordnet. In der heute gültigen Fassung des Wappens ist dies ein sechseckiger Stein mit drei gleichmäßig angeordneten Maurer- oder Spitzhämmern. Eine Mühle gab es jedoch nie im Kernort; dazu führt der Söhlbach zu wenig Wasser. Es wäre demnach irreführend, vom Wappen auf den Ortsnamen zu schließen.

Die Beilsteiner oder was man ihnen sonst nachsagt

„Füchse"
Die Beilsteiner werden von den Bewohnern der Nachbargemeinden umgangssprachlich als Füchse bezeichnet. Woher diese Bezeichnung stammt, lässt sich nicht mehr schlüssig beantworten.

Beilsteiner Weinbau und Weine

Die Weinbautradition in Beilstein und im Bottwartal ist alt. 950 ist von einem „Vinetum" = Weingarten im Bottwartal die Rede. In einer Stiftungsurkunde von 1382 gibt es einen eindeutigen Hinweis auf Weinberge in Beilstein. Ein Lagerbuch von 1524 zählt eine Reihe heute noch geläufiger Weinberglagen auf.

Der Weinbau und der Wein spielten früher im allgemeinen Leben eine noch größere Rolle als heute. Wein war eines der wenigen haltbaren Getränke, diente als Einkommensquelle, als Steuerart (Weinzehnt) sowie zur Besoldung von Pfarrern und Beamten. Auf 200 ha Rebfläche werden heute vor allem die Sorten Trollinger, Riesling und Lemberger angebaut.

Interessant ist die Beilsteiner Weinstatistik oder Weinchronik, die von 1693 bis heute – also für über 300 Jahre Wein-Jahrgänge - lückenlos geführt wird. Während des Andreasmarktes am letzten Novemberwochenende erfolgt im Rathauskeller die feierliche Fortschreibung des jeweiligen Jahrganges.

Rundgang durch Beilstein und seine Teilorte

Burg Hohenbeilstein

Wahrzeichen Beilsteins, Ruine einer stattlichen stauferzeitlichen Burganlage mit 23 m hohem, fünfeckigem, charakteristischem Bergfried („Langhans"), dessen ursprünglicher Hocheingang in 7 m Höhe liegt.

Erste Befestigung um 1050; um 1200 unter den Grafen von Calw entstand der Turm und die innere, älteste Ringmauer, die bis 9 m hoch und 2,5 m stark ist. Die äußere Ringmauer außerhalb des Burggrabens baute man in späteren Jahrhunderten. Mehrere romanische Aborterker sind erhalten.

Im 13. Jahrhundert gelangt die Burg vorübergehend an die Markgrafen von Baden, 1304 an die Grafen von Württemberg. Ab 1500 weitgehender Zerfall der Burg. 1889 erwirbt sie der Fabrikant Robert Vollmöller (1849–1911), unternimmt Ausgrabungen und lässt Mauern und Türme wiederherstellen. Seit 1960 ist die Burg im Eigentum der Stadt mit Burggaststätte auf altem Gewölbekeller im Innern und Falknerei im Burggraben.

Die Burg ist aufgrund von Flurbereinigungen bequem von der Ostseite her zugänglich.

Das barocke Fachwerk-Rathaus (Hauptstraße 19)

Nach der Zerstörung von 1693 auf erhaltenen Erdgeschoss-Außenmauern von 1598/9 und älterem Keller in den Jahren 1706–1712 mit reichem Ziergiebel erbaut. Im Innern gut sichtbare Bauweise mit „Schiffen" auf stattlichen Säulen (im Erdgeschoss drei davon gedrechselt). Ursprünglich ein Vielzweckbau mit Verwaltung der Stadt und des Amtes Beilstein, Bäcker- und Metzgerverkaufsständen in der Eingangshalle und teils davor, Fest- und Tanzhalle im Obergeschoss. Stattlicher Gewölbekeller mit Brandspuren von 1693, heute Veranstaltungsraum. Auf dem Bild oben sieht man die Inschrift.

Pfarrbrunnen, dahinter Hauptstraße 34

Brunnen

Zwei heute noch erhaltene 4-Röhren-Brunnen, einer aus Gusseisen (klassizistisch) vor dem Rathaus und einer aus Sandstein (barock, von 1755) bei dem ehemaligen Amtshaus bzw. Pfarrhaus, Hauptstraße 34, lieferten lebensnotwendiges Wasser, das sich jeder Haushalt von dort holte.

Der Pfarrbrunnen stand vor der Sanierung 1985 etwas tiefer. Aus einer im Gewann „Benzwiesen“ (Glaubenshaus Libanon) austretenden Quelle wurde er im natürlichen Gefälle als so genannter „Laufbrunnen“ mit Wasser versorgt. Als Wasserleitung dienten hölzerne „Deicheln“ (ausgehöhlte Fichtenstämme). Die Wasserspeier sind aus Musketenläufen gefertigt. Die frühere Statue der Glücksgöttin Fortuna („Jungfrau“) wurde auf Betreiben der damaligen Stadtpfarrer entfernt.

Stadt- und Amtsarchivgewölbe (Hauptstraße 21)

Um die wichtigen amtlichen Dokumente feuersicher unterzubringen, wurde im Erdgeschoss rechts ein Gewölberaum mit altertümlich wirkender Eisentür und eisernem Fensterladen auf dem Kellergewölbe erbaut. Zwei Gewölbe übereinander wie hier, das gibt es übrigens sonst nirgends in Beilstein.

Beim Franzoseneinfall 1693 waren die meisten Papiere dem Feuer und der Zerstörungswut zum Opfer gefallen. Auch die Dokumente des Amtsortes Oberstenfeld, die nach Beilstein in vermeintliche Sicherheit gebracht worden waren, gingen verloren. Erst 1770 konnte Stadt- und Amtsschreiber Hopffenstock das neue „Statutenbuch“ „unter ohnbeschreiblicher Mühe“ fertig stellen, in dem die Eigentumsverhältnisse, Rechte und Pflichten erneut amtlich festgehalten waren. Die seit 1694 erhaltenen Archivalien wurden Anfang der 1980er-Jahre von Kreisarchivar Dr. Angerbauer und dem früheren Bürgermeister Otto Rohn neu geordnet, ein „Findbuch“ dazu angelegt. Noch heute lagert ein Teil des Beilsteiner Archivs im Archivgewölbe.

Barockes Haus der Ehrbarkeit (Hauptstraße 24, heute Teil der Volksbank)

Ehrbarkeit (Gerichts- und Ratsverwandte, Bürgermeister u. a.), führende Familien der Stadt, sie lebten früher an der Hauptstraße und am Marktplatz. Dieses Haus wurde höchstwahrscheinlich vom vermögenden Stadt- und Amtsschreiber David Johann Georg Dillenius 1725 erbaut (Datum am rechten Eckständer) und bis zu seinem Tod 1746 bewohnt. Mit Sicherheit lebte Julius Krais (1807 bis 1878) hier, Theologe und Verfasser religiöser Lyrik, möglicherweise auch der Beilsteiner Philosoph und Theologe Immanuel Niethammer (1766 bis 1805).

Die Fassade markiert als letztes Gebäude der südlichen Straßenseite den Platzraum des ehemaligen Beilsteiner Marktes. Die historisch bezeugten Beilsteiner Märkte waren ein Teil des Stadtstatus und der überörtlichen Funktion. Heute finden noch der Ostermontagsmarkt sowie der Andreasmarkt statt.

Ehemalige Schmiede (Hauptstraße 25)

Laut Inschrift am Kellerbogen bereits ein Jahr nach den Zerstörungen von 1693 durch die Franzosen wieder erbaut. Nach Aussage des letzten Schmieds, August Mayer, seitdem in ununterbrochener Folge Wohnhaus und Werkstatt von Schmieden (bis Anfang der 1970er-Jahre). Im Kellerbogen finden wir jedoch neben „1694“ das Zunftzeichen des Küfers sowie „B L“ für Balthas Linder.

Schmied, Wagner, Zimmermann und in Weinbauregionen der Küfer waren im Dorf bzw. in der ländlichen Kleinstadt die wichtigsten Handwerker.

Die ersten beiden arbeiteten beim Bereifen von Wagenrädern und Anfertigen von Fuhrwerken eng zusammen. Im Mauerwerk finden wir noch Ringe eingelassen, mit denen die Pferde und bei ärmeren Bauern auch die Kühe zum Beschlagen angebunden wurden. Schmiede mussten geschickte, kräftige und gescheite Handwerker sein. Im Gewölbekeller befindet sich heute eine Gaststätte.

Inschriftstein von 1572 einer ehem. Hofanlage aus dem 16. Jahrhundert (Hauptstraße 29)

Der erhaltene Inschriftstein trägt im Giebeldreieck einen „Neidkopf“, der Dämonen abwehren soll, darunter die Jahreszahl 1572. Die Inschrift lautet:

„Martin Geschwend von Mitelberg gnant bei Kempten in dem Allgerer Land hat disen Baw volfirt und gemacht bald als der Laib 1 b und die Mas Wein 18 d galt. Last sein Namen heizv schreiben nit verdries(en) weil er sovil Stein darzu hawen miessen.

Got well gluk zu disem Baw geben uns allen nach disem das ewig Leben."

Bereits im 16. Jahrhundert gab es also „Gastarbeiter“ aus dem Allgäu.

Möglicherweise stand hier der noch nicht lokalisierte herrschaftliche (Wirtschafts-)Hof „Griechenhof“ oder „Kriechenhof“ bzw. „Schreibershof“. Darauf schließen lassen der ungewöhnlich große Gewölbekeller, frühere Reste einer Hofmauer und eine aufwändige Spunddecke über der südöstlich gelegenen Stube des im Herbst 1999 abgebrochenen Hauses.

Ehemaliges Amtshaus (Hauptstraße 34)

Nach dem großen Stadtbrand von 1693 erbaut unter Vogt Johann Jakob Weißemann im Jahr 1699 (erhaltener Inschriftstein). Stattlicher Fachwerkbau mit unregelmäßiger Vorkragung zur Hauptstraße auf älteren massiven Erdgeschossmauern, möglicherweise von Anfang an auf Verputzen angelegter Fachwerkbau. Gewölbekeller, datiert 1836. 1828 bis 1967 evangelisches Pfarrhaus.

Die Fachwerk-Kelter

von 1698 am Kelterplatz. Vorgängerbau zerstört 1693. Ein Inschriftstein an der Außenwand nach Südwesten weist auf den Wiederaufbau

hin. Der Dachraum diente als Schüttboden für Getreidevorräte in Notzeiten. Decke der beiden „Schiffe“ ähnlich wie in der St.-Anna- und in der Magdalenenkirche ursprünglich an Strebe-/Hängesäulen am Dachwerk aufgehängt, heute zusätzlich mit Stützen versehen. Um 1980 saniert und zur Bäckerei mit Verkaufsladen, Tagescafé, Wohnungen und städtischen Räumen ausgebaut.

Typisches Ackerbürgerhaus (Entengasse 15)

Tenne/Barn, Stall und Wohnräume ursprünglich unter einem Dach. Standort an und auf der Beilsteiner Stadtmauer, außerhalb verlief der Stadtgraben. Profilierte Schwelle. Fachwerk möglicherweise vor 1693 erbaut, damit eines der ältesten Häuser Beilsteins. Ehemaliger Fenstererker noch erkennbar, der die Lage der Stube kennzeichnet.

Ackerbürger waren Bauern mit Bürgerrecht in einer befestigten Stadt. Da der Raum innerhalb der Ringmauern mit wachsender Bevölkerung immer knapper wurde, versuchte die Obrigkeit nach 1693, die Bauern zum Bau von Scheunen und Schuppen außerhalb der Stadtmauern zu bewegen. Sie konnte sich nicht durchsetzen.

Die Durchfahrtstenne des Hauses entstand erst, als die Stadtbefestigung ihre Bedeutung verloren hatte. Ebenso wurde später ein Stall vor die Stadtmauer gebaut.

Entlang der Stadtmauer zwischen Mauerfuß und Stadtgraben befanden sich die ehemaligen handtuchartig parzellierten Gartengrundstücke, die so genannten „Krautländer oder Krautgärten“. Die heutige Gartenstraße hat davon ihren Namen.

Ehemalige Stadtscheune und Keller (Hauptstraße 49)

Erbaut 1585 mit drei Rundbogentoren zur Hauptstraße für die Unterbringung von Heu, Getreide und Wein. Großer Gewölbekeller mit ehemaliger Badbrunnenquelle.

Die Stellung des Gebäudes außerhalb der Stadtmauer ist ein Hinweis auf die bauliche Enge im Städtchen und die gesunkene Bedeutung einer Stadtbefestigung. Herausragenden Wert besitzt die Inschrift in der Außenwand aus dem Jahr 1585. Neben einer plastischen Darstellung des Stadtwappens in der heutigen Form ist Nennung der damaligen Preise für Wein, Getreide, Bier, Salz und Schmalz von Interesse. Der Hinweis, dass „die Speis“ (der Mörtel) mit Wein angerührt wurde, hat einen realen Hintergrund. Weinchroniken berichten für das Jahr 1584 von einer derart reichen Weinernte, dass alter Wein weggeschüttet werden musste, um Platz für den neuen Jahrgang zu schaffen. Noch bis in die 1960er-Jahre führte die „Badbrunnenquelle“ im Keller des Gebäu-

des Wasser. Nach Baumaßnahmen am benachbarten Berghang ist sie versiegt.

Daneben stand das Krepptor (östliches Stadttor). Es war bereits 1800 baufällig und wurde 1840 abgebrochen. Es bildete zusammen mit der ehemaligen Stadtscheuer eine Art „Zwinger".

Östlich des Wohnhauses Hauptstraße 49 geht die so genannte „Schiedstaffel" durch die Weinberge nach Norden und knickt nach Osten ab. Früher führte ein alter Weg durch den Amtshof/Schlosshof in die „Ämtle" (Amtsorte) und zur Burg.

Spätbarockes Handwerkerhaus (Äußere Burgstaffel 2)

Verputztes Fachwerk auf hohem Massivsockel und Eckquaderung, am giebelständigen Vorbau Rundbogentor, bez. 1769. Stiefel und Handschuh weisen auf ein Leder verarbeitendes Handwerk hin. Im Rahmen der Ortskernsanierung „Stadtmitte II" im Jahr 2001 geschmackvoll renoviert. Statt des Handschuhes könnte u. U. auch eine Hand als Abwehrzeichen gegen Unheil gemeint sein.

Haus des ehem. Vogtes Weißemann (Innere Burgstaffel 6)

Spätbarockes Handwerkerhaus

Erbaut um 1700 nach dem Brand von 1693 auf älterem Gewölbekeller, saniert 1972/73. Giebel mit schönem Zierfachwerk, aus Gründen des Wetterschutzes wieder verkleidet. Mindestens drei „fränkische“ Fenstererker. Hoher Eichenholzanteil. Zwei Vollgeschosse mit überdurchschnittlich hohen Räumen und großen Fenstern an den beiden Stuben.

Johann Jakob Weißmann oder Weißemann war Vogt (von Advokatus, lat. Hinzugerufener) und geistlicher Verwalter im Jahr 1693, als Beilstein von einem Streifkorps des französischen Heeres unter Duc de Lorge (Bezug zur „Orgelgasse“ beim Rathaus) geplündert und angezündet wurde. Weißemann floh mit der Einwohnerschaft trotz des herzoglichen Befehls, auszuhalten und durch Verhandlungen das Bestmögliche für die Amtsstadt und das Amt herauszuholen. Danach wurde Johann Melchior Kapff aus Großbottwar Obervogt. Weißemann war jedoch 1699 wieder Vogt in Beilstein und erbaute das Amtshaus (Hauptstraße 34).

Die Innere Burgstaffel hieß früher Kirchenstaffel und war der Hauptzugang zur Magdalenenkirche und zum Schloss. Ebenso führen die Äußere Burgstaffel und zwei weitere Staffeln hinter dem Rathaus zur Magdalenenkirche und zum „Schloss“ empor.

Haus der Kinderkirche („Schloss“), im ehemaligen Amtshof (Schlossstraße 30)

Erster bekannter Amtshof erbaut um 1577. 1693 brannten die Franzosen auch den „Ampshof mit Kasten und Kellerey“ (Lagerräume für den Frucht- und Weinzehnten) ab. Der Wiederaufbau war nur unzureichend. Genutzt wurden nur die Keller.

Ab 1907 ließ Kommerzienrat Robert Vollmöller durch seinen Baumeister Adolf Benz aus Esslingen auf den alten Grundmauern und Kellern ein schlossähnliches Anwesen im Stil der Spätrenaissance bauen.

Von seinen Erben kam es 1959 an die evangelische Landeskirche Württemberg, die es als Tagungsstätte und Lehrgangsheim vor allem für die Kinderkirch-Mitarbeiter nutzt.

Über dem Haupttor ließ Vollmöller einen möglicherweise alten Stein mit den württembergischen Wappen, datiert 1565 sowie „LHZW" (für Ludwig, Herzog zu Württemberg) einmauern. Im Schlosshof am Säulengang links ließ er die Wappen aller Besitzer Beilsteins anbringen: Calw, Baden, Württemberg, Böhmen, Helfenstein.

Es lässt sich heute nicht mehr klären, ob Herzog Christoph oder sein Nachfolger Ludwig tatsächlich vorhatten, ein Schloss auf halber Höhe des „Schlossberges" zu bauen, wie es immer mal wieder hieß. Es wurde aber nichts vollendet bzw. es reichte nur zu einem Hof für den Amtmann bzw. Vogt. Allerdings sind auch die Zweitnamen „Schlosskirche" für die Magdalenenkirche und „Schlosskelter" für die Gutskelter üblich.

Magdalenenkirche (Schlossstraße 42)

Frühgotische Westturmanlage, evtl. mit spätromanischem Kern, auf halber Höhe des Schlossbergs liegend, gotische Maßwerkfenster, Grablege der Wunnensteiner (gleißender Wolf von Wunnenstein), einige Epitaphien im Innern noch erhalten. Auch im Erdgeschossdurchgang des Turms sind einige historische Grabsteine aufgestellt.

Verändert im 18. Jahrhundert. Seit 1803 für Gottesdienste ganz aufgegeben, aber ein Teil des Glockengeläutes der evangelischen Kirche hängt noch heute im Turm. Danach Nutzung als Lazarett, Heuboden, später als Turnhalle sowie Munitionslager – fortschreitender Verfall. Im Revolutionsjahr 1848 Versammlungsort der Beilsteiner. Um 1850 Chor abgebrochen. Von 1953 bis 1955 Sanierung und Umbau zum Jugendheim der christlichen Pfadfinder, die den ehemaligen Kirchhof (bis 1855) als Freifläche nutzt.

Ehemaliges evangelisches Pfarrhaus (Schlossstraße 40)

Datiert am seitlichen östlichen Kellerabgang „1669“, wahrscheinlich das Baujahr nach den Zerstörungen des 30-jährigen Kriegs. Eines der wenigen Gebäude, das den Stadtbrand durch die Franzosen 1693 überstanden hatte. Erneuert durch Vollmöller um 1910 und mit einem Portal nach Osten ergänzt. Jetzt Wohnhaus des Schlossgutes Hohenbeilstein.

Nachdem der Gottesdienst in der benachbarten Magdalenenkirche 1803 aufgegeben wurde, weil der Weg den Berg hinauf beschwerlich war, wurde die Funktion als Pfarrhaus wahrscheinlich ins „Helferhaus,“ Helfergasse 1, unten in der Stadt verlegt.

Ehem. Diakonatsgebäude „Helferhaus" (Helfergasse 1)

Erbaut nach den Zerstörungen von 1693 mit Zierfachwerkelementen auf geräumigem Gewölbekeller, dazu Zwischenkeller mit Balkendecke, bezogen 1713. Bis 1828 Stadtpfarrhaus. Im bergseitigen Anbau (rechts) fand ab 1803 die Beilsteiner Lateinschule Platz, aus der die Oberschule, das Progymnasium und schließlich das Herzog-Christoph-Gymnasium hervorgingen. Heute Wohnhaus.

Vom Helferhaus nur durch die schmale Schulgasse getrennt, befand sich die 1713 erbaute deutsche Schule (Burgstraße 4, heute auch Wohnhaus), bis 1882. Dann wurde das Schulhaus in der Langhansstraße bezogen (heute Kindergarten und Vereinsheim).

Wahrscheinlich gab es schon nach Einführung der Reformation in Beilstein eine Schule, spätestens jedoch ab 1559. Die höher angesehene Lateinschule lässt sich von der „Teutschen" Schule und deren Schulmeister („Präzeptores") nicht immer trennen. Ebenso waren kirchliche und schulische Funktionen (Diakone bzw. Helfer und „Schuolmeyster") oft eng verknüpft oder gar in einem Amt vereint.

Fachwerkscheune mit Gewölbekeller bez. 1749 (Burgstraße 12)

Weit gehend originale Fachwerkkonstruktion mit hohem Eichenholzanteil. Darunter stattlicher und hoher Gewölbekeller mit vorgebautem

Rundbogen-Kellereingang, bezeichnet 1749 und „IHF“. Für das Ortsbild wichtiges Gebäude. Der Keller gehörte früher mehreren Parteien, was nichts Ungewöhnliches war, da im feuchten Talgrund Gewölbekeller nicht möglich bzw. häufig nass waren. Das linke dazu gehörende Wohnhaus besitzt Zierfachwerkelemente im Giebel, wahrscheinlich stammt es aus der 1. Hälfte des 18. Jahrhunderts.

St.-Anna-Kirche

Spätgotische, vorreformatorische Kirche mit Friedhof am Ortsrand Richtung Auenstein; außerhalb der ehemaligen Stadtbefestigung gelegen, gibt sie Anlass zu Spekulationen. Wahrscheinlich aus einer Nikolauskapelle hervorgegangen (Bezug zum nahen ehem. Klaus- oder Clastor, nördliches Stadttor, 1842 abgebrochen). Chor mit schönem Netzrippengewölbe, Schiff mit Flachdecke, nach Zimmermannsart an aufwändigen Strebe-Hängesäulen aufgehängt. In den Emporenbrüstungen finden sich zwei Bilderzyklen über das Leben Jesu aus dem 18. Jahrhundert. Grablege der Helfenberger. Um den Gottesdienstanforderungen der evangelischen Kirchengemeinde zukunftsfähig dienen zu können, wurde die Anna-Kirche (nach einem Aufsehen erregenden Bürgerbegehren und -entscheid) 1988 bis 1990 umfassend saniert und renoviert. Dabei wurden auch neue Chorfenster eingesetzt, gestaltet von Rudolf Yelin (Etzlenswenden).
Auf dem Vorplatz steht eine sehr alte Winterlinde – möglicherweise als Friedenslinde nach dem 30-jährigen Krieg gepflanzt.

Die Teilorte

Ehemaliges Rathaus Schmidhausen (rechts) und Friedhofstraße 4

Schmidhausen ist mit seinen Weilern Billensbach, Gagernberg, Jettenbach, Kaisersbach, Klingen und Maad seit 1971 nach Beilstein eingemeindet, vorher war es eine selbstständige Gemeinde mit etwa 650 Einwohnern. Bis 1954 benutzten die Schmidhausener den Friedhof an der Peterskirche in Oberstenfeld, die zum abgegangenen Dorf Kratzheim gehörte. Das spricht für eine alte, fränkische Ausbau-Siedlung von Kratzheim aus im 8. Jh. am Eingang des Schmidbachtals. Alle anderen Teilorte sind Waldrode-Siedlungen des Spätmittelalters.

Schmidhausen gehört erst seit 1805 zu Württemberg. Vorher war es bei der Grafschaft Löwenstein-Wertheim-Freudenberg und Sitz eines Stabsamtes. Die zugehörige Amtstadt mit Sitz des Vogtes war seit 1443 Löwenstein.

Württemberg hatte nach 1450 seine Nordgrenze durch den Landgraben befestigt (Beilstein war somit für das Stabsamt Schmidhausen Ausland). Dieser Landgraben umschloss das Dorf Schmidhausen von drei Seiten. Es war ein einfacher, tiefer Graben mit Wällen und einer dichten Hecke. Landtürme (erhalten bei Wüstenhausen und Lauffen) regelten den grenzüberschreitenden Verkehr (Zollgrenze und Verteidigungslinie). Heute führt ein Wanderweg von Schmidhausen bis zur Heuchelberger Warte in etwa entlang dem ehemaligen Landgraben.

Das ehemalige Rathaus mit seinem Glockentürmchen und das daneben stehende Haus Friedhofstraße 4 sind die auffälligsten Bauten. Beide wurden, wie auch die Mühle, etwa 1750 erbaut. Es sind Fachwerkbauten, die vom gleichen Zimmermann errichtet sein könnten. Vor dem Rathaus stand bis 1978 die Kelter. Sie wurde im Zuge der Straßenverbreiterung abgerissen.

Alte Kelter bei Jettenbach

Dorfkelter von Jettenbach, am Zusammenfluss von Jettenbach und Schmidbach gelegen. Nach dendrochronologischer Untersuchung eines Balkens wurde der Baum dafür 1732 ± 10 Jahre gefällt, die Kelter also in dieser Zeit erbaut. Hier wurde bis etwa 1940 Wein gepresst sowie Butten und Zuber aufbewahrt. Der südliche Anbau mit dem Schleppdach, jetzt verbrettert, wurde 1888 angebaut und diente der Feuerwehr als Spritzenhaus. Seit 1981 wird die Kelter privat als Pferdestall genutzt.

Bezeichnend ist der Standort der Kelter außerhalb der Ortschaft in der Nähe von Weinbergen (heute noch gegenüber am „Mühlberg"). Die Wengerter waren in die Kelter „gebannt" und durften mit den gelesenen Trauben nur direkt dorthin und nicht erst nach Hause fahren.

Johanneskirche in Billensbach

Schmidbach-aufwärts befindet sich ganz einsam im Tal die **Neumühle**, 1723 in der Nähe einer alten, abgegangenen Mühle errichtet. Sie war mit zwei Mahlgängen und einem Gerbgang bis etwa 1914 als Getreidemühle in Betrieb. Ein 400 m langer Mühlgraben führte das Wasser zu einem oberschlächtigen Wasserrad. Etwa 1923 wurde der Fischteich angelegt und das Anwesen seither privat zu Wohnzwecken genutzt.

Von der Neumühle aus führt eine gewundene Straße das Tal des Billensbaches hinauf zum Weiler Billensbach. Alle Weiler liegen auf der Höhe, auf Plateaus des Kieselsandsteins. Die Rodung des Waldes ergab dort karge, aber ebene Ackerflächen. Die Südhänge wurden mit Reben bebaut, die Nordhänge sind Streuobstwiesen.

Billensbach

Alte Schule, 1875 als Sandsteinbau errichtet (1886 erweitert), heute privat. Die Kirche ist der einzige evangelische Kirchenneubau im Bezirk Marbach nach 1945. Mit viel Eigenarbeit 1956 erbaut für sieben Weiler im Schmidbachtal. Reicher Schmuck: farbige Glasfenster, Eingangshalle mit Mosaikengel, Altarbild, Taufstein, Altarkreuz und Leuchter wurden von Künstlern gestaltet, die eine Beziehung zu Billensbach hatten. Einer dieser Künstler, Peter Jakob Schober (1897–1983), hatte sein Wohnhaus und Atelier in Billensbach. Von ihm stammen auch der Sgraffito-Schmuck (Bäuerin mit Melkeimer und Kuh) am 1959 erbauten Raiffeisen-Lagerhaus und der Entwurf zum daneben stehenden Brunnen.

Typisch für die Weiler waren die **Gemeinschaftsbackhäuser** (Vorschrift im Königreich Württemberg seit 1835). Damit wollte man die

Seestraße 15 in Gagernberg

Brandgefahr möglichst gering halten und Heizkosten sparen. Erhalten sind die Dorfbackhäuser in Schmidhausen, Billensbach, Etzlenswenden und Jettenbach (3), Gagernberg (2) und Farnersberg (stark im Verfall begriffen).

Ein weiterer Weiler, westlich des Schmidbaches auf malerischer Höhe gelegen, ist **Gagernberg**. Auffallend ist ein Fachwerkhaus, Seestraße 15, ein Doppelwohnhaus. Das vordere Sichtfachwerk ist aus Eiche, die Schwellen profiliert. Der Giebelständer zeigt die Jahreszahlen 1771, 1969 und 1993. Die Fenstererker links übereck markieren die ehemalige Stube als repräsentativen, beheizbaren Raum. Ein Gewölbekeller – im Schlussstein „1822 Weninger" – wurde nachträglich unter das Haus gebaut, die andere Haushälfte hat einen separaten Kellerabgang.

Die Kelter von Gagernberg wurde ebenso wie das städtische Backhaus vom Kelterplatz Beilstein ins Freilichtmuseum nach Wackershofen bei Schwäbisch Hall überführt.

Gagernberg

Auf der Höhe, dicht bei Gagernberg, liegt der Annasee, einst künstlich angelegt als Wasserspeicher für das Beilsteiner Feuerlöschwesen.

Etzlenswenden

Straßenweiler, an einem steilen Südhang gelegen; auffallend ist der 1981 erstellte Fachwerkbau mit Glockentürmchen (Ersatz für die bei der Straßenverbreiterung abgebrochene Kelter).

Stocksberg

Höchstgelegener Weiler des Unterlandes, am Nordhang des Stocksbergs (539 m), Luftkurort mit vielen Wanderwegen, im Winter Skigelände mit Lift. Das barocke Jagdhaus, später Forsthaus (jetzt privat), war immer eine löwensteinische Exklave im Beilsteiner Wald.

Weitere Informationen:

Stadtverwaltung Beilstein, Hauptstraße 19 (Rathaus), 71717 Beilstein

Öffnungszeiten:	*Montag – Freitag 9–12 Uhr,* *Dienstag 16–19 Uhr*
Telefon:	*0 70 62 / 263-0*
Internet:	*www.beilstein.de*

Oberstenfeld mit Gronau und Prevorst

Oberstenfeld heute

Die Gesamtgemeinde zählt 8 300 Einwohner, davon 6 360 in Oberstenfeld, rund 1 500 im Ortsteil Gronau und 440 in Prevorst. Die Größe der gesamten Markung beträgt 2 111 ha, davon 863 ha Wald und 92 ha Weinanbaufläche. Der Ortskern von Oberstenfeld liegt rund 230 m über dem Meeresspiegel, Gronau um 245 m und der Kirchturm von Prevorst auf 483 m. Nördlich von ihm liegt das Quellgebiet der Bottwar, sie durchfließt Gronau und nimmt in Oberstenfeld den Söhlbach von Beilstein her auf.

Um den historischen Ortskern gruppieren sich heute neue Wohngebiete und industrielle Bereiche. In Holz- und Metallindustrie sowie in Handwerksbetrieben finden 2 000 Personen Arbeit.

Die reizvolle Lage zwischen Rebhängen und Wald am Rande der Löwensteiner Berge bietet vorzügliche Wandermöglichkeiten. Grill- und Spielplätze, eine gesundheitsfördernde Kneippanlage samt Waldlehrpfad, der zu einem prächtigen Aussichtspunkt führt, runden die Freizeitmöglichkeiten ab. Über besondere Attraktionen verfügt das großzügig gestaltete Mineralfreibad „Oberes Bottwartal“ zwischen Oberstenfeld und Beilstein mit 160 m Wasserrutschbahnen, darunter auch eine Steilrutsche, sowie zwei Beachvolleyballfeldern (Saison Mai–September).

Märkte/Feste: Krämer-, Weihnachtsmarkt, Oberstenfelder Fleckenfest.

Oberstenfeld in der Geschichte

Aus Funden lässt sich eine Besiedlung in der Jungstein-, Bronze- und römischen Zeit belegen. Das Dorf entstand im 7./8. Jh. im „Feld oberhalb“ der Hauptsiedlung, dem heutigen Großbottwar. Der Name Oberstenfeld (oberes Feld) ist somit eine Lagebezeichnung. Die erste urkundliche Erwähnung erfährt Gronau (grüne Au) im Lorscher Codex (864/876); etwa um dieselbe Zeit gab es in Oberstenfeld eine St.-Gallus-Kapelle.

Die Besonderheit in der Gemeinde stellte durch mehr als neun Jahrhunderte das 1016 vom Adel gegründete Chorfrauenstift dar. Es sollte

den unverheirateten Adelstöchtern ein standesgemäßes Leben sichern, und die Chorfrauen sollten durch ihr gottgefälliges Leben und Gebete zum Seelenheil der Familie beitragen. Zu den Stiftern gehörte Oudalrich. Er war Kanzler des Reiches unter Heinrich II. (973–1024), dem letzten Kaiser aus dem Geschlecht der Ottonen, und nachfolgend bei Konrad II. (um 990–1039), dem ersten Salierkaiser. Zu den Schutzvögten des Stiftes zählten die hochadeligen Herren von Lichtenberg (erste Nennung eines Herrn von Lichtenberg 1197). Durch Stiftungen war das Stift – nicht Kloster – reich geworden und hatte Besitz in 64 Orten der näheren und weiteren Umgebung. Nach der Reformation 1540 umgewandelt in ein evangelisches Damenstift, konnte es seine Selbstständigkeit gegen die württembergischen Herzöge verteidigen. Doch 1802 ließ Herzog Friedrich II. – wenige Jahre darauf König „von Napoleons Gnaden" – das Stift militärisch besetzen und vereinnahmte es. Doch er löste es nicht auf, sondern setzte 1805 seine Tochter Katharina als Äbtissin ein. Sie blieb es nur zwei Jahre, dann heiratete sie Jérôme, den jüngsten Bruder Napoleons. Das adelige Damenstift bestand noch bis 1920, als es vom Landtag aufgelöst wurde. Die romanische Kirche prägt noch heute das Ortsbild; das Stiftsgebäude von 1713 ist seit 1989 im Eigentum der Gemeinde, die altengerechte Wohnungen einbauen ließ.

Die besonders gut erhaltene Burg der Herren von Lichtenberg auf einem Ausläufer der Löwensteiner Berge überragt den Ort. Ihr Typus einer staufischen Burg mit Bergfried, Schild- und Umfassungsmauer aus Buckelquadern besticht durch seine Formenklarheit. In der Burgkapelle blieben gotische Wandmalereien aus dem 13. Jahrhundert erhalten, die wohl mit den Malereien in der Peterskirche entstanden sind. Die Herren von Lichtenberg verkauften ihren Besitz 1357 an den württembergischen Grafen Eberhard den Greiner. 1483 wurden die Freiherren von Weiler mit der Burg belehnt, in deren Eigentum sie noch heute ist. Im Bauernkrieg bleibt die Burg 1525 auf Grund eines Schutzbriefes des Großbottwarer Bauernführers Matern Feuerbacher verschont.

Das Dorf Oberstenfeld wurde im 30-jährigen Krieg (1618–1648) wie auch im pfälzischen Erbfolgekrieg 1693 stark zerstört. Der alte Ortskern wird deshalb durch eine Reihe von Fachwerkhäusern mit oftmals reichen Zierfachwerken aus der Zeit um 1700 geprägt.

Die Oberstenfelder oder was man ihnen sonst so nachsagt

Gronauer „Schmalzhäfen“, Prevorster „Kohlensäcke“ und Oberstenfelder „Mardlpantscher“

Der Neckname Kohlensäcke kommt natürlich von den Prevorster Kohlenbrennern, die vereinzelt noch um 1900 Holzkohle brannten und sackweise verkauften. Wie die Gronauer zu dem Namen „Schmalzhäfen“ gekommen sind, ist nicht bekannt.

Bei der Bezeichnung Mardlpantscher muss erwähnt werden, dass im Schwäbischen das Wort pantschen die gleiche Bedeutung hatte und mancherorts noch hat wie patschen, schlagen. Der alte mundartliche Ausdruck ist noch heute in Oberstenfeld geläufig. Selbst Friedrich Schiller hat ihn einmal in dem Gedicht „Graf Eberhard der Greiner“ verwendet, wo er schildert, wie der Sohn Ulrich gegen die Reutlinger verliert: „Er griff sie an – und siegte nicht, und kam gepantscht nach Haus.“ Noch ein Weiteres: Unter dem Stichwort Marder ist im Schwäbischen Wörterbuch erwähnt, dass dieser in der Gegend von Marbach mundartlich Mardl genannt wird. Hie und da ist es noch so zu hören. Damit kommt man der Deutung des Oberstenfelder Necknamens ein gutes Stück näher. Ein Mardlpantscher ist also jemand, der auf einen Marder einpatscht und den Hühnerdieb erschlägt oder zu erschlagen versucht. In dieser Bedeutung machte eine Geschichte über die Oberstenfelder Mardlpantscher die Runde, die sich nicht nur hübsch anhört, sondern die durchaus auch wahr sein könnte: Beim Dreschen des Korns im Winter, das ja in der Scheuer durchgeführt wurde, sei hinter den Garben einmal ein Marder aufgestöbert worden. Nun seien die Dreschflegel nur so geflogen, um den Räuber vom Leben zum Tode zu befördern. Dass sich die Kunde von solch einem Eifer und vielleicht auch Erfolg rasch im Dorf und allmählich auch in der Nachbarschaft ausgebreitet hat, ist durchaus vorstellbar.

Wie war es tatsächlich?

Keine bloße Auslegung, sondern eine echte Akte über eine Geschichte mit Mardern und Oberstenfeldern findet sich im Staatsarchiv Ludwigsburg. Es heißt dort:

„Actum Stift Obristenfeld d. 14. Junii 1757

Demnach vergangenen Freytag d.10. Junii, also an dem Württemb. Buß- Fast- und Bett Tag unter dem Mittags Gottesdienst zerschiedene junge Bursche sich erfrechet, in dem Frey Adel. Stifts Hof ein Hauß, der Rüben Keller genant, vorinnen viel Buchenes Holz im Vorrath ligt, zu besteigen, sofort das Holz, welches mit Kosten darin geleget worden, auseinander geworfen und sich mit fangung von Marder belustiget, dadurch aber das Stiftische Territorium violiert [verletzt], und durch dieses Vergehen Zimliche ärgernuß angericht. So Bald nun gnädige Stiftsherrschaft von diesem Vorgang nachricht erhalten, haben Hochgnd. [gnädigst] dieselben befohlen, es zu untersuchen und die übertretter zu wohlverdienter Straff zu ziehen welch gnädigem Befehl zu folge d. 13. Junii an das Löbl. Vogt Amt Bailstein und auf den Lichtenberg, woselbst auch einer davon sich befindet, geschrieben ... worden."

Diese ruchlose Freveltat, bei der vielleicht sogar Marderblut geflossen ist, geschah auf dem mauerumwehrten Territorium des Adeligen Kaiserlich Freien Reichsstiftes Oberstenfeld! Und das gar während des Mittagsgottesdienstes! Das konnte nicht ungesühnt bleiben. Im Stift, wo es passiert war, wussten es längst alle, im Flecken, wo einer der Delinquenten wohnte, sprach es sich rasch herum, in Beilstein, wo das Ganze vor dem Vogt verhandelt wurde, war es das Tagesgespräch. Auf dem Lichtenberg, der Arbeitsstelle des anderen Mardlpantschers, wurde es ebenfalls amtlich kundig. Und die Großbottwarer griffen mit Freuden das Neueste aus der Nachbarschaft auf. So mag es gewesen sein, dass die Oberstenfelder zu ihrem Spitznamen Mardlpantscher gekommen sind.

Rundgang durch das historische Oberstenfeld

Rathaus (Großbottwarer Straße 20)

1693 beim Franzoseneinfall zerstört, wurde es 1698 einstöckig wieder aufgebaut und erst 1840 ein zweites Stockwerk aufgesetzt. Bei genauem Betrachten der Südseite des Fachwerks wird erkennbar, dass bei diesem Umbau zuerst der Giebel abgenommen, dann das Erweiterungsstockwerk eingebracht und danach der Giebel wieder aufgesetzt wurde. Eine Schmuckform verweist auf die Zeit um 1700: Oben im Fachwerkgiebel ist eine Raute mit darüber liegendem Andreaskreuz zu sehen.

Nach dem Umbau von 1840 zog die Schule ein. 1857 verputzte man das Fachwerk und legte es 1934 wieder frei. Im Jahre 1958 zog die Schule in einen Neubau, das Rathaus wurde erneuert und Arkaden eingebaut. Der moderne Anbau stammt von 1974.

Das Fachwerkhaus Großbottwarer Straße 14 (am Marktplatz)

Oberstenfeld hatte schon im 16. Jahrhundert das Marktrecht. Die Initialen des Bauherrn Hans Balthas Nesper, auch das Baudatum 1700 sind zweimal zu lesen. Z M B bezieht sich auf den Zimmermann Michael Beck. Er trug Verantwortung für den Fachwerkteil des Hauses. Die waagrechten Balken (Schwellen) sind profiliert, ein kleiner Luxus und Hinweis auf die finanzielle Leistungskraft des damaligen Bauherrn. Zwischen den darunter hervorstehenden Balkenköpfen wurden die Kielbögen als Zierform eingefügt. Im Giebel an oberster Stelle eine Raute mit darüber liegendem Andreaskreuz. „Sofern vermöglich“ (Bauordnung aus dem 16. Jahrhundert) sollte das Untergeschoss aus Steinen errichtet werden. Der verantwortliche Meister hat über dem Torbogen sein Steinmetzzeichen hinterlassen.

Großbottwarer Straße 13 (gegenüber auf der anderen Straßenseite)

Das Haus mit dem schönsten Fachwerkgiebel, 1693 beim Einfall der Franzosen abgebrannt, wurde schon 1694 unter seinem Besitzer, dem Wirt Johann Leonhard Ferber, wieder aufgebaut. Der Giebel ist sehr abwechslungsreich mit ährenförmig gestalteten Ständern (senkrechtem Balkenwerk), einigen geschweiften, z. T. noch mit Nasen verzierten Streben und zehnmal mit der Schmuckform Raute über Andreaskreuz. Dabei ist interessant, dass der Zimmermann auch „eingezogene Rauten“ erstellte. Das krumme Holz dafür hat er wohl im Wald selbst ausgesucht. An diesem Haus ist der einzige verzierte Eckständer im Ort zu sehen, gerade noch erkennbar.

Großbottwarer Straße 7 (auf derselben Seite, links vom Bankgebäude)

Es handelt sich um ein Wohnhaus, das an der Traufseite Fachwerk und zwei „Fenstererker“ zeigt. Diese ragen nur 15 cm über die Wandfläche hinaus. Nach der Zerstörung von 1693 wurde das Haus 1718 neu aufgebaut. 1743 erwarb es Handelsmann Kodweis aus Marbach; Schiller war mit ihm verwandt und hätte sagen können: „Der Großvater meiner Mutter hat einen Bruder gehabt, der war mit einer Oberstenfelderin verheiratet.“

Marktbrunnen

Bis zum Bau der Wasserleitung 1909 stand neben dem Rathaus ein Schöpfbrunnen. 1987 erhielt Bildhauer Karl-Ulrich Nuß aus Strümpfelbach den Auftrag für einen Brunnen, der den Bezug der Gemeinde Oberstenfeld zum Weinbau zeigen sollte. Dieser wird deutlich in der dargestellten Figur des römischen Weingottes Bacchus, der sich an Trauben gütlich tut. Über ihm ist ein Reiter zu sehen, der Oberst aus dem Oberstenfelder Wappen.

Nach wenigen Schritten sollte man links in die Küfergasse einbiegen, denn dort stehen mehrere gut erhaltene Fachwerkhäuser nebeneinander.

Bei Küfergasse 2

führt eine Außenstaffel zum 1. Stock, dem Wohnstock. Im Erdgeschoss lag bis etwa 1960 die Werkstatt des Küfers, eines wichtigen Handwerkers in einer Weinbaugemeinde.

Küfergasse 6

Das Erdgeschoss ist wie meist mit Steinen aufgebaut. Der 1. Stock kragt auf der Giebel- und einer Traufseite über den Balkenköpfen etwas vor. Wie hat dies der Zimmermann technisch gelöst? – Sofern die Bücherstube geöffnet ist, kann der Fachwerk-Freund die seltene Gelegenheit nutzen und im Innern den Verlauf der freigelegten Deckenbalken verfolgen: 5 Stichbalken und 1 diagonal verlaufender Stichgratbalken ermöglichen das Vorkragen zur Küfergasse; die Balkenköpfe zur Zufahrt sind einleuchtend: sie stammen von den über die Schmalseite des Hauses gelegten Deckenbalken.

Küfergasse 15

1726 wurde das stattliche Haus vom Schultheißen Johann (Hans) Christoph Ziegler vollständig in Eiche erbaut, Zimmerleute waren Bartholomäus Wardecker und Bernhard Hepperle; ihre Initialen sind mehrmals im Ortskern zu finden. H. C. Ziegler war auch Küfermeister, das Berufszeichen zeigt Schlegel und zwei Reithaken, also wichtige Werkzeuge des Küfers. An der Giebelseite sind z. T. zugemauerte Fenstererker zu entdecken, gut erhaltene jedoch auf der Südseite. Sie kragen nur 15 cm vor, doch gliedern sie die Wandfläche. Das ehemals große Kellertor auf der Nordseite wurde teilweise zugemauert.

Berggasse 2 (nach dem Überqueren der Forststraße)

Ein typisches Wengerterhaus: Auf der Giebelseite liegen der (einstige) Haus- sowie der breite Kellereingang mit der Jahreszahl 1737 und den Besitzernamen Melchior Balthas Werner und Anna Rosina Wernerin. Der Mann war „Ratsverwandter", also Gemeinderat, und als „Burgermeister" mehrere Jahre lang für die Gemeindefinanzen verantwortlich. Da das Gewölbe des Kellerhalses in den darüber liegenden Raum ragt, liegt die Wohnung im 1. Stock. Die Haustüre hat profiliertes Gewände, das über den Ecken nach außen verschoben ist; diese „Ohren" sind in der Barockzeit nicht selten. Dieselbe Form zeigt auch das kleinere, mit Balustern versehene Fenster über dem Hauseingang. Die Ecken des gemauerten Erdgeschosses sind quadriert.

Dem Fachwerk ist abzulesen, wie die Räume des Wohnstocks innen angelegt sind: rechts der größere, links der kleinere Raum. Erkennbar an dem starken Ständer, der „außermittig" sitzt. Profilierte Schwellen und mehrere Kielbögen zieren das sonst schlicht gehaltene Fachwerk.

Auf der anderen Seite der Forststraße verläuft die alte Stiftsmauer, einst als Wehrmauer gebaut. Sie umgab das ganze stiftische Areal und ist heute noch weitgehend erhalten, wenn auch in geringerer Höhe. Gleich hinter der Mauer steht das große Amtshaus des Stifts. Es wurde nach dem Franzoseneinfall bald wieder aufgebaut, die Jahreszahl an Keller und Scheuer nennt 1696. Dem stattlichen Gebäude ist an den Balkenköpfen unter dem Verputz anzusehen, dass es ein Fachwerk besitzt.

Zwischen Berggasse 4 und 8 führt eine Zufahrt unter anderem zu einem unauffälligen, doch bemerkenswerten, alten Scheunentor auf der rechten Seite. Die Beweglichkeit der beiden Torflügel wird nicht über Eisenkloben und -band ermöglicht, sondern mit Drehbalken, die mit den Torflügeln fest verbunden sind und in Zapfen enden. Jeweils der obere Zapfen wird in einem ausgerundeten eisernen Flachband beweglich geführt, der untere sitzt auf einem höher eingefügten Stein auf. Diese Technik, Tore und Türen drehbar zu machen, ist uralt, doch nur noch selten zu sehen, jedoch hier und auch an der Scheuer, die zum Haus Forststraße 12 gehört.

Berggasse 18

Am vorgebauten Keller ist über dessen altem Tor mit Kastenschloss eine einst in Stein gemeißelte Inschrift – heute leider nur noch gemalt – mit der Jahreszahl 1725 zu lesen, die auf den Erbauer hinweist. Unter „Soli Deo Gloria", Gott allein die Ehre, ist ein Mühlrad, eingerahmt von Initialen, die auf Hans Michael Lehle und seine Frau Rosina hinweisen, die einstigen Müllersleute in der Stiftsmühle. Dort gab es wegen Hoch- und Grundwassers keinen Keller. Wer also in der Nähe der Bottwar oder des Mühlkanals ein Haus besaß, musste sich nach einem Keller in höherer Lage umsehen. Manchmal konnte man einen mieten oder gar kaufen. So kam es, dass mancher Hausbesitzer „oben im Dorf" nur noch Teilbesitz am Keller unterm Haus hatte und noch heute hat.

Bahnhof

Er liegt an der Teilortsumgehungsstraße, die auf der Trasse der einstigen Bottwartalbahn verläuft. Sie fuhr ab 1894 in Schmalspur von Marbach bis Beilstein und ab 1902 bis Heilbronn. Der Bahnbetrieb wurde 1968 eingestellt, doch der Bahnhof von 1893 mit Güterschuppen ist samt hübschen Details noch erhalten. 1986 von der Gemeinde renoviert und ausgebaut, wird er heute von Vereinen genutzt. Im „Bahnhöfle" ist auch die Johannes-Nefflen-Stube zur Erinnerung an den in Oberstenfeld geborenen mutigen Demokraten eingerichtet. Wer den Bahnhof bei seinem Rundgang aussparen möchte, biegt in den Stiftsgarten ein und kommt zum

Laubengang

Er ist geschützt als Naturdenkmal, ist zugleich aber auch Geschichtsdenkmal. Der Laubengang bestand schon 1805; dort wurde gefeiert, nachdem Kurfürst Friedrich (ab 1806 König) seine Tochter Katharina in der Stiftskirche als Äbtissin des adeligen Damenstifts eingesetzt hatte. Sie heiratete 1807 Jérôme, den Bruder Napoleons. Durch den Laubengang gelangt man über einige Stufen hinab und wieder hoch zum

Stiftsgebäude

Es wurde 1713 (am Wappenstein über dem ehemaligen Kellereingang abzulesen) dreiflügelig über den großen, gewölbten Kellern der Vorgängerbauten errichtet. 1716/17 lagerten in den stiftischen Kellern 35 Fässer mit zusammen 384 Eimern Wein, rund 115 000 Liter. (Dieselbe Menge noch in Mundelsheim und Weinsberg! Wein war auch „Zahlungsmittel".) Einer der Keller steht seit 1995 für Veranstaltungen zur Verfügung. Die Eingangstüre zum Stift ist ebenso wie einige Fenster mit „Ohren", d.h. vorspringenden Ecken verziert. Das stattliche Gebäude enthielt einst die Wohnungen der adeligen Stiftsdamen und der Äbtissin, bis das Stift 1920 als Vorrecht des Adels aufgelöst wurde. Die Wohnungen wurden um 1994 modernisiert und altengerecht umgebaut.

Das Stiftsgebäude, seit 1989 im Eigentum der Gemeinde, schließt sich an die Stiftskirche an und bildet mit dieser ein Quadrat. Dort war einst der Kreuzgang, der noch 1799 erwähnt wird.

Stiftskirche St. Johannes d. T.

Ehemalige Kirche des 1016 gegründeten adeligen Chorfrauenstiftes. Ältester Bauteil der spätromanischen Kirche ist die Säulenkrypta aus dem 11. Jahrhundert. Die dazugehörige Kirche wurde um 1200 durch

den heutigen Bau ersetzt, der mit drei Apsiden nach Osten schloss, zumindest war dies vorgesehen, bis um 1230 der reich verzierte Chorturm angebaut wurde. Gleichzeitig mit ihm erfolgte die Wölbung der Ostjoche des Schiffs. Eine durchgehende Erneuerung durch die Neuromanik 1890 prägte vor allem das Innere. Aufschlussreich ist der architekturgeschichtlich späte Wechsel vom flach gedeckten zum gewölbten Kirchenbau unter dem Einfluss der Gotik. Eindrucksvoll ist der Blick in den dreischiffigen Kirchenraum mit den beiden hintereinander liegenden, in der Höhe gestaffelten Chören (Kirchenführer mit 28 Seiten liegt vor).

Die Bäckerei, einst „Pfründhaus"

Das Fachwerkhaus, 1702 auf der Stiftsmauer errichtet, ist Nachfolgebau eines so genannten Pfründhauses, in dem einst adelige Chorfrauen lebten. Im 18. Jahrhundert wohnte Stiftsküfer Nefflen darin, dessen Sohn Johannes 1789 hier zur Welt kam. Er wurde als Schultheiß in Pleidelsheim bedeutender Förderer der Landwirtschaft, viel gelesener Volksschriftsteller und war ein mutiger demokratischer Landtagsabgeordneter. Auch die Großeltern der Schriftstellerin Anna Schieber (1867–1945) lebten in diesem Haus. Das 1990 freigelegte Fachwerk zeigt schöne Zierformen, vor allem im oberen Giebel.

Großbottwarer Straße 30

Das Haus wurde einst ebenfalls auf die Stiftsmauer gebaut. Im Innern weist

die Jahreszahl 1683 auf das Baujahr hin, dessen Vorläufer ebenso ein Pfründhaus und damit Wohnung für Chorfrauen war. Nachdem 1802 das Stift württembergisch geworden war, zog 1818 die Försterfamilie Wanner aus Prevorst mit ihrer Tochter Friederike ein. Diese, die „Seherin von Prevorst“, wohnte hier bis zu ihrer Heirat 1821. Der Dichterarzt Justinus Kerner hat sie später ärztlich betreut und ausführlich über sie geschrieben.
Zwischen beiden Häusern befand sich bis 1840 das Eingangstor zum Stift. Heute hat man von hier aus den Blick auf die Straßenfassade des 1817 in klassizistischem Stil erbauten Gasthauses zum Ochsen. Im leicht vorspringenden Quergiebel (Mittelrisalit) führt die von Säulen gerahmte Treppe zum ehemaligen Eingang. Die Dachvorsprünge des historischen Teiles sind kassettenartig gestaltet.

Dorfkirche

Nach dem Franzoseneinfall 1693 stark beschädigt, konnte die Kirche der Fleckengemeinde – es gab auch eine Stiftsgemeinde – erst 1738 neu erbaut werden. Einst als Kapelle dem hl. Gallus geweiht, geht ihre Geschichte auf das 9. Jahrhundert zurück. Über dem Nordportal ist aus Stein das „sprechende“ Wappen Oberstenfelds angebracht, ein Oberst auf dem Pferd über einem Feld. Die Wetterfahne zeigt ebenfalls den Reiteroberst. Über dem Portal ließ einst Stiftsprediger Dornfeld eine rechteckige Inschriftentafel einfügen. Kenner der römischen Zahlen können dort das Jahresdatum der Kircheneinweihung „entziffern“ (W gilt als VV, also zweimal fünf)).

Ein Spaziergang durch die Gronauer Straße zur Peterskirche

Vom Rathaus führt der Weg geradeaus über die Kreuzung in die Gronauer Straße.

Peterskirche: „Ein köstliches Vermächtnis romanischer Baukunst“ (Gradmann). Der Bau aus der Mitte des 11. Jahrhunderts hat ein rechteckiges Langhaus und einen quadratischen Turmchor, einst mit drei Apsiden. Erhalten ist nur noch die nördliche samt dem an der Innenwand entlang laufenden gemauerten Absatz, der „Priesterbank“. Die anderen Apsiden sind durch Grabungen nachgewiesen. Unter dem westlichen Langhaus liegt das ehemalige Beinhaus. Gegen Ende des 13. Jahrhunderts wurde der Chor eingewölbt und im Zusammenhang damit die ganze Kirche ausgemalt. Da die rückwärtige Wand einmal einstürzte, fehlen dort die Fresken.

Der Ortsteil Gronau

Gronau, die „Grüne Au“, wurde schon im Jahre 868/875 erwähnt. Die Cyrakuskirche, einem römischen Märtyrer um das Jahr 300 geweiht, ist eine Chorturmkirche, die mit ihren ältesten Bauteilen in die Zeit der Gotik weist. Die Jahreszahl 1599 über dem Eingang an der Nordseite bezieht sich auf einen Umbau der Kirche, als beide Längswände des Schiffes nach außen versetzt wurden, um das Kircheninnere zu vergrößern. Beachtenswert sind die Einlegearbeiten an der Kanzel und die Schnitzereien des zu ihr führenden Treppengeländers. Auch das Glasgemälde aus unserer Zeit im Chor ist ein wertvoller Schmuck der Kirche.

Das Rathaus von 1779 mit einem kleinen Dachreiter zeigt schlichtes Fachwerk und ist gut gepflegt. Ebenso die Kelter, 1754 ebenfalls in Fachwerk erbaut. In einem Eckquader haben sich der Schultheiß Andreas Bernhard und sein Gemeindepfleger Betzelberger verewigt. Die Sonnenuhr an der Giebelseite ist eine Zierde, selbst wenn sie nicht „läuft“. Eine kostbare Seltenheit sind die drei erhaltenen Tore mit Drehbalken und außen angebrachten Riegeln sowie Streben. Nur ganz wenig des einst teuren Eisens war zur Erhaltung der Drehbarkeit erforderlich. Kirche, Rathaus und Kelter bilden ein schönes Ensemble um die Dorflinde mit Brunnen.

Die Hauptstraße verdankt ihre heutige Breite der 1935 an den Ortsrand verlegten Bottwar. An der Straße liegt das Gemeinde-Backhaus als

eines der kleineren Gebäude, doch noch immer sehr gefragt. Das größte aber ist das Gasthaus „Zur Krone“ (Hauptstraße 49) von 1801, das als Bäckerei errichtet worden war. Dies macht das Bäckerwappen im

Eckständer des Fachwerkhauses deutlich; darunter erfreut die Darstellung eines Paares in alter Tracht samt Hund und der weise Spruch des erfahrenen Bauherrn:

„Ihr lieben Leuthe schaut Mich an
Das Bauen kam Mich sauer an.
Ich hab gebaut vor mich
ein jeder sorg für Sich.“

Wenige Schritte weiter, Hauptstraße 51, 53 im Schatten eines großen Nussbaums, zeugt ein bäuerliches Anwesen von einstigem bescheidenem Reichtum. 1755 hatte es Christoph Andreas Genth errichtet, wie über einem Kellereingang des Wohnhauses zu lesen ist. Seine Tochter heiratete Johann Georg Atz, der es bis zum Schultheiß brachte und 1798 das Haus nach einem Brand wieder aufbaute. Sein Name und der seiner Frau Christina Atzin sind in einem Steinquader eingemeißelt und auch am Stallgebäude zu finden.

Der Ortsteil Prevorst

Die Ortsstraße auf dem „First“ des Höhenzuges (alter Name „Brechfirst“) führt zur 1901 in neugotischem Stil erbauten Kirche. Sie hat den „höchsten Kirchturm im Kreis Ludwigsburg“, nämlich auf 483 m über dem Meeresspiegel!

Daneben erhebt sich das einstige Forsthaus, heute Gasthaus „Zum Ochsen“. Es ist im Ort wohl das älteste Gebäude; das Wohngeschoss kragt auf der Giebelseite zur Straße weit vor und ruht auf stattlichen Eichensäulen, denen Alter und Verantwortung anzusehen sind. Oben im Giebel steht zu lesen: „Geburtshaus der Seherin von Prevorst 1801–1829“. Friederike, die Tochter des Försters Wanner, wuchs hier gesund und fröhlich auf, weilte als Kind auch oft bei den Großeltern in Löwenstein. Dort wurde sie nach ihrem schweren Lebens- und Leidensweg bestattet, über den Justinus Kerner sein Buch geschrieben hat.

In der Ortsmitte steht das Backhaus, das noch rege benützt wird. Es dient neben seinem eigentlichen Zweck auch als „Kommunikationszentrum“, und dies schon seit jenen Zeiten, da zwar dieses Wort noch nicht bekannt, ein Schwätzle aber stets willkommen war.

Weitere Informationen:

Bürgermeisteramt Oberstenfeld, Großbottwarer Straße 20,
71720 Oberstenfeld

Telefon:	*0 70 62 / 261-0*
Internet:	*www.oberstenfeld.de*
E-Mail:	*info@oberstenfeld.de*

Großbottwar

Großbottwar heute

Wer als Tourist das Bottwartal besucht, kommt nicht umhin, durch Großbottwar zu fahren. Doch sieht er von der historischen Weinstadt nur wenig, da der Durchgangsverkehr das Zentrum nicht berührt. Entlang der Stadtmauer sind aber neue Parkplätze angelegt, die es erlauben, bequem zu Fuß das Innere zu erreichen.

Ist die Einwohnerzahl inzwischen über 8 000 gestiegen, so kann man seine Gründe darin finden, dass sich eine Kombination von Tradition und moderner Veränderung für viele als recht attraktiv erweist. Die Bewahrung des historischen Kerns für eine unverwechselbare Identität geht einher mit der Erweiterung von Neubaugebieten, der Schaffung von neuen Gewerbegebieten, Modernisierung und Erweiterung der Schulen, Sportanlagen und Bildungsmöglichkeiten durch die öffentliche Bibliothek. Die moderne Bottwartal-Kellerei präsentiert Produkte auf höchstem Niveau in schöner Umgebung.

Die Gemeindereform von 1971 brachte es mit sich, dass die ehemals selbstständigen Gemeinden Winzerhausen mit 1 500 Einwohnern und Hof und Lembach mit 800 Einwohnern in die Stadt Großbottwar integriert wurden. Ebenso gehören der Sauserhof und der Holzweilerhof zur Großbottwarer Gemarkung.

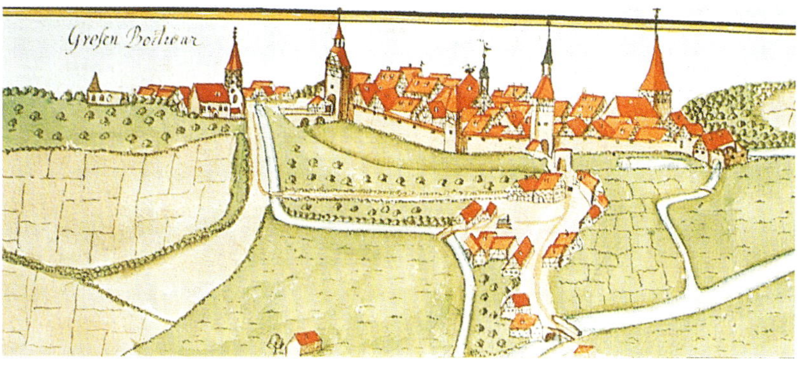

Wintzelhaußen

Limbach

Großbottwar und seine Teilorte in der Geschichte

Der Wunnenstein, neben dem Lichtenberg das zweite markante Erkennungsmerkmal für das Bottwartal, ist der Hausberg für Winzerhausen. Geographisch und historisch bestimmt er schon seit Ewigkeiten die Geschicke seiner Umgebung. Trennt er das Schozachtal vom Bottwartal ab, so ist er aber gleichzeitig wieder ein Verbindungsglied.

Durch seine Höhe, seine geologische Beschaffenheit und durch seine Nutzung als Siedlungsfläche, als Sitz einer Burg und seine Nutzung als Weinberg hatte der Wunnenstein schon immer eine herausragende Bedeutung für dieses Gebiet.

Der Ort Winzerhausen hat bestimmt eine ähnliche Entwicklungsgeschichte wie die anderen Siedlungen in näherer Umgebung. Allein bei der Erklärung des Namens beginnt schon die Unsicherheit, die verhindert, sich genau festlegen zu können. Der heutige Namen Winzerhausen weist auf den Weinbau hin, während ältere Schreibweisen ein „Wintzelhausen“ kennen, wobei hier eher eine Beziehung zur Weide hergestellt werden kann. „Win“ bedeutet hier Weide (Winne, Wunne, eventuell ein Hinweis auf eine Frühjahrsweide), sodass auch der Wunnenstein eher erklärbar ist. Andere Erklärungsmodelle wollen einen Herren von Winzilo als Namensgeber anführen. Sei es, wie es wolle, gerade das Unbekannte, das Dunkle und Mythische der Geschichte bringt die Menschen erst dazu, zu spekulieren und sich intensiver mit der Vergangenheit zu beschäftigen.

Wolf von Wunnenstein, auch der gleißende oder schleichende Wolf genannt, ist der historische Garant dafür, dass ein Adelsgeschlecht auf dem Wunnenstein lebte und dort auch eine Burg hatte. Von dieser sind nach ihrer Zerstörung im Jahre 1413 nur noch Erdwälle und Gräben zu sehen.

Jedenfalls wurde auf dem Berg im Zuge der Christianisierung eine Michaelskirche auf dem Platz eines vorchristlichen Heiligtums errichtet, die auch dem Berg den Namen Michelsberg verlieh, was sich erst mit der Reformation wieder änderte. Damit war immer die Einrichtung eines Sprengels, die Absprache von der Größe eines bestimmten Gebietes, die Dazugehörigkeit von Menschen und die Festlegung von Steuern, Nutzungsrechten und Fronen verbunden. Dem interessierten Besucher zeigt sich heute noch ein Aussichtsturm, der von der Stadt gepflegt wird, dessen unterer Teil noch Elemente des Michaeliskirchturms aufweist. Im Zuge der Reformation, der Schaffung von Zentralstaaten und der Neuorientierung der kirchlichen Machtstrukturen durfte die alte Kirche nicht weiter bestehen, der Bergfriedhof musste aufgelöst werden und Ludwig Uhland sorgte durch seine Dichtung dafür, dass die Geschichte der Glocke Anna Susanna nicht verloren geht.

Der heutige Ort, natürlich noch immer an den Berg geschmiegt und in seinem Schatten liegend, wird von der ca. 170 Jahre alten „neuen" Michaelskirche überragt. Der Weinbau ist natürlich noch immer in vielen Familien vertreten, schöne Neubaugebiete haben den alten Kern erweitert. Viele Touristen fahren vor allem am Wochenende oder im Sommer am Feierabend durch das Dorf, um die Gaststätten auf dem Berg zu besuchen und von dort aus eventuell Wanderungen zu unternehmen, auf jeden Fall aber das schöne Bottwartal von oben überblicken zu können

Hof und Lembach sind ebenfalls von seinem Berg geprägt, dem Lichtenberg. Der Verkauf der gleichnamigen Burg, eine der wenigen unzerstörten und dauerhaft bewohnten Burgen aus der Stauferzeit, im Jahre 1357 ist gleichzeitig die erste urkundliche Erwähnung dieses Ortes. Natürlich haben hier schon seit Urzeiten Menschen gewohnt, was auch ausgegrabene Reste eines Steinzeitdorfes oberhalb von Hof bezeugen. Wie überall kann auch hier ein Kommen und Gehen in der Siedlungsgeschichte nachvollzogen werde. Kelten, Römer, Alamannen und Franken haben einander abgewechselt. Bis 1522 fehlen aber sonst bis auf die genannte urkundliche Nennung archivalische Angaben. In jenem Jahr werden etwa 24 Wohnstätten mit deren Bewohnern aufgeführt.

Naturkatastrophen, Epidemien oder Kriege sind meist die Hintergründe für Aufzeichnungen, die Elend, Zerstörung und steuerliche Belastungen widerspiegeln. So ist es auch in Hof und Lembach mit dem

Sauserhof. Die große Politik zeigt sich meist in den individuellen Auswirkungen auf dem flachen Land. Reformation, 30-jähriger Krieg, Spanischer Erbfolgekrieg, Franzoseneinfälle und vieles andere haben ihre Spuren hinterlassen. Ungefähr 70 Personen aus diesem Ort sollen allein bis 1635 durch direkte Kriegseinwirkungen oder durch Hunger, Krankheit und Einquartierung im Dreißigjährigen Krieg gestorben sein.

Die Bevölkerung lebte ja zum überwiegenden Teil von der Landwirtschaft und vom Weinbau. Schlechtes Wetter, falsche Anbaumethoden und eine unzureichende Anzahl der Arbeitskräfte sorgten für Missernten, Hunger und damit verbunden für Krankheit und Tod. Erst Mitte des 19. Jahrhunderts nahm die Bevölkerung stetig zu. Die Folge davon aber war die Auswanderung in den Osten und nach Übersee in die USA und nach Australien. Erst die Industrialisierung konnte dem eine Ende bereiten und neue Arbeitsplätze schaffen, von denen Familien wieder existieren konnten. Alle diese Entwicklungen sind auch in Hof und Lembach in den Familiengeschichten nachzuweisen.

Trotzdem gelang es der Bevölkerung immer wieder, einige Ersparnisse zu erwirtschaften, die es ermöglichten, ab 1829 eine Schule zu führen und 1956 durch einen Neubau zu ersetzen, eine Kelter zu kaufen und ein Rathaus zu errichten. Eine Vergrößerung der Gemeinde durch den Zweiten Weltkrieg war die Folge der Vertreibung von Millionen von Menschen aus dem Osten. Rund 90 Personen fanden hier ihre neue Heimat, wobei man noch heute zum Beispiel in der Kornstraße die damaligen „Flüchtlingswohnprogramme“ erkennen kann.

Hof und Lembach bieten sich auch heute für den Touristen als Ausgangspunkt für Spaziergänge oder größere Wanderungen an, die zur Burg Lichtenberg oder in die Wälder führen können. Gastwirtschaften und Besenwirtschaften sorgen für das leibliche Wohl, wobei der hier angebaute Wein bestimmt im Mittelpunkt stehen wird.

Rundgang durch Großbottwar

Rund um den Marktplatz

Der Bereich, auf dem sich auch heute der mittelalterliche Kern und eben dieser Marktplatz der Stadt befinden, wurde erst im 13. Jahrhundert mit dauerhaften Gebäuden überbaut, sodass im Jahre 1279 zum ersten Male eine „civitas“, eine mit Rechten und Mauern versehene Stadt, in den Urkunden erscheint. Die Herren von Lichtenberg errichteten eine Burg, die 1197 erstmals urkundlich erwähnt wird. Eine Siedlung sollte dem Adelsgeschlecht helfen, eine kleine Herrschaft zu erlangen, die vielerlei Funktionen auf dem Weg zur Schaffung eines kleinen Territoriums erfüllen konnte. Von dieser Siedlung sind die Umfassungsmauern teilweise noch erhalten. Das Oval des Stadtzentrums von ungefähr 8,5 ha entspricht auch heute noch im Großen und Ganzen der damaligen Stadtausdehnung und dem Verlauf der Stadtgrenzen. Das Stadtwappen zeigt einen Storch, dessen Erscheinung sich im Laufe der Zeit aus dem Schwan im Wappen der Lichtenberger entwickelt hat.

Es gelang der Bürgerschaft trotz herber Rückschläge durch Not, Hunger und Krieg immer wieder, ihre Stadt zu verschönern und ihren sich verändernden Wünschen entsprechend zu gestalten. Wie erfolgreich die Einwohner waren, zeigen das mächtige Rathaus von 1556 und die stattlichen Häuser um den Marktplatz, der nahezu quadratisch ist und sich auf einer Fläche von 18 m × 22 m erstreckt. Der Platz selbst liegt an einem Hang, der von dem höchsten Punkt im NW in der Werfelgasse bis zum tiefsten Bereich in der Entengasse im SO verläuft. Glaubt man auf den ersten Blick, ein gewachsenes Ensemble vorzufinden, wird der aufmerksame Betrachter aber schnell erkennen, dass ein historisches „Freilichtmuseum" der unterschiedlichsten Baustile eine reizvolle Atmosphäre erzeugt. Dieses etwas genauer in sich aufzunehmen, erfordert etwas Zeit und Hintergrundinformation, aber das ist ja immer der Zweck eines solchen Besuches.

Das Rathaus

Natürlich wird das größte Gebäude an diesem Platz, das Rathaus, den Besucher zuerst auffordern, sich mit ihm auseinander zu setzen. Eindrucksvoll steht es da und weist andere Mitbewerber um die Gunst der Betrachter auf die hinteren Plätze, auch wenn es sich bei weitem nicht um das älteste Gebäude am Marktplatz handelt.

Bei der Restaurierung des Rathauses in den Jahren 1984–86 hat man die Grundmauern des Vorgängerbaus aus der Erbauungszeit zwischen 1250 und 1280 in der Ausdehnung von 8,50 m × 12 m auf dem Marktplatz gefunden. Genau um diese Zeit nimmt man an, dass die Stadt gegründet wurde. Dieses erste Rathaus war aber in seiner Bausubstanz so desolat gewesen, dass sich eine Erhaltung und Renovierung in jener Zeit nicht angeboten hatte.

Der Stadtschreiber Ulrich Vayhinger aus der Zeit der Erbauung des heutigen Rathauses berichtete, dass beim Läuten der kleinen Rathausglocke der geliebte Wein durch Erschütterungen übergelaufen sei und dass man schon befürchtet habe, unter dem zusammenstürzenden Gebälk begraben zu werden. Dies war keine Übertreibung, denn in der Nachbarschaft hatte es einen solchen Vorfall bei einem anderen Gebäude gegeben.

Es ist also heute mit Sicherheit festzustellen, dass es sich bei diesem schönen Gebäude um das zweite Rathaus handelt. 1553 hatte man mit dem Rohbau begonnen und 1556 den giebelständigen Bau beendet. Wie auch heute, so stellte auch damals die Finanzierung eines solchen Bauvorhabens das größte Problem dar. War wohl schon über längere Zeit abzusehen gewesen, dass größere Kosten auf die Stadt zukommen würden und hatte man deswegen auch Rücklagen gebildet, so konnte das Bauvorhaben aber hauptsächlich durch die Bewilligung einer Entschädigung durch das Land Baden-Württemberg realisiert werden. Hierbei handelte es sich um die Erstattung von Kosten, die bei der Logierung und Verpflegung von Einquartierungen eines spanischen Truppenkontingentes entstanden waren, was ungefähr ein Drittel der Gesamtkosten für den Rathausneubau ausmachte. 1548 war die Stadt für ca. 9 Wochen „Herberge" für Landsknechte unter kaiserlichem Oberbefehl, die auch hier in den Religionswirren und Gegenreformationsbestrebungen Großmachtvorstellungen unterstützen sollten.

Im Erdgeschoss des Rathauses, das damals nicht die Funktion eines Verwaltungsgebäudes hatte, befanden sich ursprünglich offene Lauben in einer mit Steinplatten belegten weiträumigen Halle für den Metzger, der hier Fleisch und Wurst anbot von Tieren, die außerhalb der Stadt geschlachtet worden waren. Ein kleiner Brunnen, der Stützbrunnen mit Eichhäusle, der schon vor dem neuen Rathaus dort gestanden hatte und eine angebaute hölzerne Brotlaube ergänzten das Angebot im Zentrum der Stadt.

Im ersten Obergeschoss war früher die Tanzstatt, der Festsaal der Stadt. Hier konnte bei großen festlichen Anlässen, bei Hochzeiten und beim Leichenschmaus, bei herrschaftlichen Empfängen und bei Verkündigungen der Landesgesetze die Bürgerschaft zusammenkommen. Allerdings waren die einfachen Bürger weniger vertreten, denn die private Nutzung setzte erhebliche Mittel voraus, die zur Bezahlung der Gebühren notwendig waren.

Im zweiten Obergeschoss lag die Gerichtsstube der Stadt, in der die Bürgerschaft über Vergehen Gericht hielt. Zwölf Laienrichter in Zusammenarbeit mit dem Rat urteilten im Namen des Landesfürsten über Vergehen und Verbrechen. Einfache Strafen, die Verurteilung an den Pranger, die Verwahrung im Kerkerturm bis zur Todesstrafe auf Scheiterhaufen und das Hängen am Galgenberg wurden von der Gerichtsbarkeit verhängt. 1809 wurde noch auf der Schandbühne vor dem Rathaus ein Verurteilter wegen Birnenraubs der Bevölkerung zur Schau gestellt. Den heutigen Bürgersaal zieren 14 Kabinettscheiben, die dort wieder in die Fenster mit ihren Butzenscheiben eingefügt wurden. Sie waren vom Adel und von den Honoratioren der Umgebung gestiftet worden. 1781 bezog sie Herzog Karl Eugen in seine Sammlung ein und sie befinden sich seitdem im Besitz des Hauses Württemberg. Bei der Restaurierung wurden Kopien von den Originalen angefertigt.

Im Giebel wurde früher auf Fruchtböden für Notzeiten Korn gelagert oder er diente als Hopfendarre. Die Säcke konnten durch rundbogige Öffnungen hochgezogen werden. Ebenso war eine Rüstkammer eingerichtet, in der lederne Feuereimer und in einer Gewehrkammer der Bürgerwehr deren Waffen gelagert wurden.

Neben dem wunderbaren Fachwerk fallen an der Front vor allem die Uhrentafeln auf, deren Zifferblätter aus dem Jahre 1782 stammen. Schon 1730 hatte David Rust aus Stuttgart eine Rathausuhr geschaffen, die er zusammen mit dem nickenden Wappentier Großbottwars mit einem Uhrwerk für Viertel- und Stundenschlag versah. Seit damals mussten einige Uhrwerke ausgetauscht werden. Unter anderem kam ein Werk 1776 aus der bekannten Werkstatt des Pfarrers Philip Matthäus Hahn aus Kornwestheim zum Einsatz.

Wer das Innere dieses großartigen Gebäudes betritt, wird feststellen, dass es auch eine Besichtigung lohnt. Die über mehrere Stockwerke gehenden Holzpfeiler, die teilweise noch vorhandene Originalbemalung und die Raumaufteilung schaffen eine Atmosphäre, die nicht nur von geschäftsmäßiger Nüchternheit einer Verwaltungsstelle geprägt ist. Hinzu kommen noch Ausstellungsgegenstände und schöne aussagekräftige Aufnahmen, die das Verständnis für die geografische Lage der Stadt und deren Auswirkung auf die Stadtentwicklung erweitern. So hat sich der Einsatz von rund 3,2 Millionen Mark gelohnt, die für die grundlegende Sanierung des Rathauses ausgegeben wurden, zumal in ihm beim alten Stützbrunnen auch kulturelle Veranstaltungen stattfinden. Dieser dient zwar nun nicht mehr dem Eichen der Fässer, aber in kultureller Sicht werden hier in diesem Raum noch immer „Maßstäbe“ angelegt.

Marktplatz 2

An der Stelle dieses großen Fachwerkkomplexes stand ein Teil des Murrhardter Klosterhofs, ein Teil der umfangreichen Besitztümer des Klosters in Großbottwar. Später wurde hier das Badhaus eingerichtet. Da es im Mittelalter und in der frühen Neuzeit nicht üblich gewesen war, zu Hause ein Bad zu haben, wurden in den Gemeinden öffentliche Einrichtungen dafür geschaffen.

In einem niederen gewölbten Raum war ein Ofen untergebracht, neben dem ein kupferner Kessel warmes Wasser enthielt. In einem hölzernen Zuber konnten die Benutzer ein Vollbad nehmen, wobei durch Zugießen von kaltem oder heißem Wasser die Temperatur geregelt wurde. Die Pächter der öffentlichen meist städtischen Badstuben, die Bader, sorgten für das nötige Holz, das Wasser und die Kübel. Sie rasierten, schröpften, behandelten Knochenbrüche und leichtere Krankheiten. Sie führten die Aufsicht und wahrten Anstand und Sitte, wozu sie einen Eid abzuleisten hatten. Der Großbottwarer Eid ist sogar noch er-

halten und belegt die Aufgabenbereiche, wobei in der Woche viermal die Gelegenheit zum Baden ermöglicht war.

1458 wird das Badhaus am Marktplatz in Aufzeichnungen zum ersten Mal erwähnt. Schon früher hatte es ein anderes in der Mühlgasse gegeben, in dem aber später der Betrieb eingestellt wurde. Das Bad, das wegen Feuergefahr im Erdgeschoss gemauert wurde, wurde 1718 zur Wirtschaft „Adler“ umgebaut. Schon 1754 wurde das ganze Haus fast vollständig erneuert. Ab 1809 hieß die Wirtschaft „Sonne“, wechselte aber wie viele Häuser in der damaligen Zeit sehr schnell ihre Besitzer. Todesfall, Wiederverheiratung der meist noch jüngeren Witwen und wirtschaftliche Nöte zwangen immer wieder zum Verkauf der Immobilie. Das Gebäude wurde Postrelais-Station für die Fuhrwerke, was sich noch viele Jahre in dem Namen „Sonne-Post“ der damaligen Wirtschaft widerspiegelte.

Der Marktbrunnen

Man kann davon ausgehen, dass an dieser Stelle schon sehr früh ein Brunnen errichtet wurde, sehr wahrscheinlich in der Gründungszeit der Stadt zwischen 1250 und 1280. Bei dem heutigen Brunnentrog, der die Jahreszahl 1747 trägt, handelt es sich wahrscheinlich um den zweiten Neubau und auch dieser hat bis heute viele Veränderungen erfahren. Schon 1774 waren die ersten Renovierungen nötig, wobei man einen Brunnensockel mit einem stehenden Löwen schuf. Dieser hielt rechts ein großes Schild mit herzoglich-württembergischem und links ein Schild mit dem Großbottwarer Wappen. Das Erscheinungsbild ähnelte wahrscheinlich dem des Steinheimer Marktbrunnenlöwen. Aber auch der Kieselsandstein verwitterte, sodass nach einer zehnjährigen Zwischenzeit ohne Figur 1873 eine gusseiserne Justitia den Löwen ersetzte. Doch schon 1930 sah sich die Stadt gezwungen, den Sockel mit einer neuen Figur zu schmücken. Der Sämann wurde 1930 von Johann Georg Großmann, dem ehemaligen Herausgeber des Bottwartal-Boten, gestiftet und steht bis heute auf dem Vierröhrenbrunnen. Im Jahre 1988 musste auch der Brunnentrog renoviert werden.

Lange Gasse 2

Man nimmt an, dass der Kern des Gebäudes zu dem Haus gehört, das sich 1525 im Besitz des bekanntesten Großbottwarer Bürgers Matern Feuerbacher befand. Allerdings ist der Nachweis nur sehr schwer zu erbringen, wenn gar unmöglich. Im Kellerei-Lagerbuch von 1522 erscheint ein Besitzer mit dem Namen Hans Goppolt. 1568 kann ein Besitzer Hans Ströhle nachgewiesen werden. Allerdings ist in einer anderen Quelle der Vater von Matern Feuerbacher als Altschultheiß genannt, der ein Haus besitzt, das dieses sein könnte.

Matern Feuerbacher war bei Ausbruch des Bauernkriegs trotz Sträubens zum Bauernhauptmann ausgerufen worden. Die auf dem Wunnenstein versammelten Aufständischen wollten ihn als Anführer. Obwohl er sehr mäßigend, vielleicht auch je nach Ansicht hemmend dem Bauernhaufen vorstand, durfte er auch nach seinem Freispruch bei späteren Gerichtsverhandlungen nie wieder in seine Heimat in Großbottwar zurückkehren. Spätere Besitzer veränderten das Haus ihren eigenen Bedürfnissen gemäß und der Mode der Zeit entsprechend. So wohnten darin die geistlichen Verwalter des Klosters Murrhardt, 1550 wurde eine Bäckerei installiert und im 19. Jahrhundert ein Ausschank eingerichtet. Auch heute dient es wieder der Gastronomie.

Hauptstraße 36 – „Stadtschänke"

Großbottwar hat das Glück, eines der ältesten Fachwerkhäuser des Kreises Ludwigsburg zu besitzen, die so genannte Stadtschänke oder Johannespfründe. Erst bei der Renovierung erbrachte eine Untersuchung des Fachwerks, dass das wahrscheinliche Erbauungsjahr 1434 ist. Trotz aller Feuersbrünste und des Einfalls unterschiedlicher Kriegsscharen hat dieses Gebäude über 500 Jahre den Unbilden der Zeit getrotzt. Das „Oberdeutsche Fachwerk" kragt bei jedem Stockwerk ein Stück vor, sodass die Grundfläche in der Höhe vergrößert werden konnte. Eine Besonderheit zeigt sich in seinen Bohlenwänden, die in der Bearbeitung sehr aufwändig und dadurch teuer waren. Zu Beginn besaß das Anwesen die Johannespfründe, die zur Allerheiligenkirche gehörte. Die Lage des Hauses in der Stadtmitte unterstreicht den Status der Erbauer. Die 12 cm dicken Bohlenwände tragen eine gewölbte Bohlenbalkendecke, die es zu betrachten lohnt.

Hauptstraße 29 – „Adelshaus"

Dieses Doppelhaus im Süden des Marktplatzes unterscheidet sich im Stil völlig von den anderen Gebäuden. 1903 wütete in Großbottwar ein Großbrand, der viele Gebäude zerstörte, was man heute noch an der uneinheitlichen Bebauung südlich des Adelshauses erkennen kann.

Vor diesem Brand standen an diesem Platz zwei Fachwerkhäuser mit Giebel zum Marktplatz. Unter anderem wurde hier ab 1771 die

Wirtschaft „Krone“ geführt, noch früher war das Anwesen im Besitz des Stiftes von Oberstenfeld. Im 30-jährigen Krieg war der „Edle Johann Caspar Megizier von Veldorf“ Besitzer, dessen Frau, die älteste Tochter des Schlossherren Eitelhans von Plieningen (früherer Besitzer des Schlosses Schaubeck bei Kleinbottwar) ihrem Mann wahrscheinlich finanziell unterstützen konnte. Ein weiterer Eigentümer war der Baron von Wartmann, Besitzer des Rechberg'schen Freiguts, der immer in Streitigkeiten mit dem bekannten Vogt Kapf verwickelt war.

Entlang der früheren Stadtmauer

Wurden bis jetzt fast nur größere Gebäude vorgestellt und kurz besprochen, so fällt dem Besucher bestimmt auf, dass hier sehr kleine Häuschen ihren Platz finden. Das liegt unter anderem daran, dass sich in dem nordwestlichen Teil der Stadt früher ein Löschwasserteich befunden hat, deshalb auch der Name der nahen Entengasse. Das Erdreich war sumpfig, und das Grundwasser stand sehr hoch. So war es

nur mittels Pfählen als Fundament möglich, Gebäude zu errichten. Diese besaßen auch keine Keller, ihre Bewohner hatten im nordöstlichen, höher gelegenen Teil der Stadt Kellerrechte.
Es fällt kaum auf, dass die mittelalterliche Stadtanlage einen größeren topografischen Höhenunterschied aufweist, dies wird aber deutlich, wenn man die Feuergasse nach Osten begeht. Rechts erkennt der aufmerksame Betrachter an den meisten Gebäuden bis ungefähr zur Kopfhöhe die Reste der Stadtmauer. Das Baumaterial besteht meist aus größeren grob behauenen Steinen und nicht einfach nur aus Bruchmaterial. Natürlich bedarf es einiger Fantasie, wenn man sich hier einen Graben und eine hohe Mauer mit Wehrgang vorstellen soll.

Nach Wegfall der Verteidigungsaufgaben konnte der Ort erweitert werden, wobei man die Feuergasse so breit gestaltete, dass die Flammen bei möglichen Bränden durch Löscharbeiten schnell bekämpft werden konnten. Außerdem konnte der Funkenflug eingedämmt werden, weil der Abstand zur nächsten Bebauung nicht mehr so dicht war.
Hat man die Hauptstraße erreicht, so ist an der Scheune des Hauses 51 genau die Stärke der früheren Stadtmauer erkennbar, die hier mächtiger ist, da sich an dieser Stelle das Obere Tor befand, das 1828 abgebrochen wurde. Die Wagen, die auf den Fernwegen von Heilbronn über das Schozachtal über Beilstein und Oberstenfeld nach Schwäbisch Hall oder Richtung Stuttgart fuhren, waren

durch die Straßenführung durch das Bottwartal gezwungen, den Ort zu durchfahren. Dafür konnte man Zölle erheben und verlangen, dass mitgeführte Waren zum Verkauf feilgeboten wurden (Stapelrecht).
Die Burgermühle, die frühere Spitalmühle, findet ihre früheste urkundliche Nennung 1545. Von der Hospitalverwaltung wurde die Mühle 1787 für 11300 Gulden erstmals an private Hand verkauft. Bei der Übernahme hatte der damalige Käufer Sumser größere Bedingungen im Kaufvertrag zu erfüllen. Er war unter anderem für die Pflege eines Stücks Stadtmauer verantwortlich. Deshalb ist das angrenzende „Mühltörle" auch das einzige original erhaltene Stadtmauertor Großbottwars. Das größere Tor weiter westlich war eine Notlösung nach dem Bombenangriff von 1940. Außerdem war der Mühlenbesitzer weiterhin für die Pflege eines Fußwegs zur Mühle zuständig, er musste den Mühlkanal immer einsatzbereit halten und hatte auf eine Brücke über den Kanal zu achten.
Wie man schon in der Bachstraße und in der Feuergasse an einigen Gebäuden gesehen hat, lässt sich die Stadtmauer noch in großen Teilen feststellen.
1279 findet man in den Quellen zum ersten Mal „muros civitatis bothebur", also die Mauern der Stadt Großbottwar. Die Stadt war eine Gründung der Lichtenberger. Sie zeigte mit ihren Mauern und Türmen, dass es sich um eine Stadt handelte, womit sie in der Rechtsprechung freier als die offenen Landgemeinden war. Es durften Märkte abgehalten werden, man verwaltete Jagd und Wald und sprach vor allem auch selbst Recht. Dies alles wurde durch die Umfassungsmauern und die zusätzlichen Rechte ermöglicht. Umherziehende kriegerische Gruppen konnten nicht ohne weiteres in die Stadt, bei größeren Truppenkontingenten begann man sofort mit den Verhandlungen, um den „Brandpfennig" festzulegen. Hiermit schloss man eine Belagerung der Stadt aus, die eventuell erfolgreich und mit großem Schaden verbunden gewesen wäre.
Die Mauer besaß zur Flankierung und als Tordurchlass Haupttortürme, das Obere Tor auf der Höhe des Gebäudes Hauptstraße 51 und den unteren Torturm an der Ecke Hauptstraße/Im Zwinger, des Weiteren den Türlinstorturm in der Kirchstraße und einen kleineren Turm an dem westlichen Eckpunkt der Stadtbefestigung, den Karzerturm. Drei kleine Fliehtore bei der Burgermühle, im Ronst beim Feuerlöschteich und auf dem Werfel ermöglichten der Bevölkerung, bei Brand die Stadt schnell zu verlassen. Auf der Mauerkrone befand sich ein Wehrgang, der die gedeckte Verteidigung ermöglichte. Ein mit Wasser gefüllter Graben und wahrscheinlich ein trockener Graben im Nordosten mit dichtem Buschwerk (Haaggasse) vervollständigten die passive Verteidigung.
Die Stadt war in vier Viertel geteilt, wobei jedes Viertel einen Viertelmeister besaß, der bei der Brandbekämpfung und Verteidigung sowie

Instandhaltung der Mauer die Aufsicht und den Oberbefehl führte. Ab 1830 wurden die Türme und ein größerer Teil der Mauer abgetragen, wobei die Steine in anderen Gebäuden eine neue Verwendung fanden.

Weitere Informationen:

Stadt Großbottwar, Marktplatz 1, 71723 Großbottwar
Telefon: *0 71 48 / 31-0*
Internet: *www.grossbottwar.de*
E-Mail: *Stadt@grossbottwar.de*

Steinheim an der Murr mit Kleinbottwar und Höpfigheim

Steinheim heute

Die Stadt an der „Pforte zum Bottwartal“, wie Steinheim oft genannt wird, zählt 11300 Einwohner und erstreckt sich auf einer Markungsfläche von 2300 ha. Auf die Teilorte Kleinbottwar entfallen 1800 und auf Höpfigheim 2300 Einwohner. Beide Dörfer gehören seit der Gemeindereform 1971 bzw. 1973 zu Steinheim. Die Bottwar, die dem ganzen Tal den Namen gegeben hat, durchfließt noch Steinheim, um sich dann mit der Murr zu vereinigen.

Metall verarbeitende Betriebe, Dienstleistungsunternehmen u. a. ermöglichen die wirtschaftliche Leistungsfähigkeit Steinheims. Die Stadt Steinheim verfügt ferner über eine Realschule, das Urmensch-Museum (mit einem der ältesten Menschenfunde in Deutschland – ca. 250 000 Jahre alt), das Museum für Kloster- und Stadtgeschichte und ein Mineralwellenfreibad (gemeinsam mit der Gemeinde Murr).

Die Steinheimer oder was man ihnen sonst nachsagt

„Böppelesdrescher“
Um 1700 konnten infolge von Kriegswirren (Franzoseneinfälle) die Trauben nicht geerntet werden. Die Steinheimer Trauben waren eingetrocknet und sollen so hart gewesen sein, dass man sie nicht keltern konnte, deshalb wurden sie ausgedroschen.

Steinheim in der Geschichte

Der erste namentlich bekannte Bewohner Steinheims hieß Peregrinus, d. h. der Fremde, Ausländer. Und das war er im doppelten Sinn: als römischer Soldat im eroberten Land und als Mensch zweiter Klasse ohne römisches Bürgerrecht. Er wurde aber heimisch, lebte in einer der Villen mit Warmluftheizung und Bad, deren Ruinen in Steinheims Boden stecken und die dem Ort wohl seinen Namen gaben. Als die Römer von den Alemannen um 260 n.Chr. vertrieben wurden, hinterließen sie den Wein- und Obstbau.

Unter der Herrschaft der Franken kam es im 8. Jahrhundert zu einer Neubesiedlung und zur eigentlichen Gründung Steinheims. 832 wird Steinheim erstmals urkundlich erwähnt, als der fränkische Adlige Gudwin und seine Frau dem Kloster Lorsch Gelände für 30 Bauernhöfe mit zugehörigem Land in Steinheim schenkten.

Die Ortsnamensendung -heim und die Benennung der Kirche nach dem fränkischen Stammesheiligen St. Martin verweisen auf fränkischen Einfluss.

Elisabeth, die Tochter des letzten Ortsadligen Albert von Steinheim, gründete mit ihrem zweiten Ehemann Berthold von Blankenstein 1255 das Kloster Mariental und schenkte ihm ihr Vermögen.

Schon früh versuchten die Grafen von Württemberg, Steinheim unter ihre Kontrolle zu bekommen. Doch indem König Adolf von Nassau 1294 Kloster und Dorf unter „Schutz und Schirm" des Reiches stellte, wurde Steinheim „reichsunmittelbar". Es begann die Entwicklung zur Stadt. Bald wurde mit dem Bau von Stadtmauern und Toren begonnen, erhielt Steinheim städtische Einrichtungen wie Schultheißenamt, Richterkollegium, Badhaus, Brotlaube und Fleischbank, wurden die Einwohner als Bürger bezeichnet.

Der Aufschwung des Ortes, der sich in Brücken- und Brunnenbau, Straßenbepflasterung und Erneuerung des Marktrechts 1609 ausdrückte, wurde durch den Dreißigjährigen Krieg jäh unterbrochen. 1634 brannte bei Plünderungen durch kaiserlich-katholische Truppen der Großteil des Ortes, 1643 bei Plünderungen durch schwedisch-evangelische Truppen das Kloster nieder.

Die Landwirtschaft, insbesondere der Weinbau, sowie das Handwerk stagnierten, viele Steinheimer mussten auswandern, um in Ungarn, Russland, Rumänien, später auch in Nordamerika und Australien ein Auskommen zu finden. Allein in den Jahren 1852 bis 1856 zogen ca. 450 von 1 236 Einwohnern nach Australien.

Erst die Entwicklung der Sitzmöbelindustrie brachte einen Aufschwung. Steinheimer Stühle wurden zum „Exportschlager“. Steinheim entwickelte sich bis zum Ende des 19. Jahrhunderts zum Industriestandort, besonders nach der Eröffnung der Bottwartalbahn 1894.

Historischer Rundgang durch Steinheim

Rathaus

Der Rundblick vom Marktbrunnen erlaubt eine erste Orientierung. Im Süden, neben der Kirche, stand beim Badhaus das Badtor, im Osten, Richtung Rielingshausen, beim Schafhaus das Schaftor, in der Gegen-

richtung über der Straße nach Murr das Murrer oder Bottwarer Tor als Teile der ehemaligen Stadtbefestigung.

Beherrscht wird der Marktplatz vom Rathaus mit seinem steinernen Sockel aus dem Jahr 1580 und dem nach dem großen Brand um 1686 entstandenen Fachwerkbau.

Das Rathaus war nicht nur Verwaltungssitz, sondern wirkliches Bürgerhaus, in dem sich die Zünfte trafen und in dem an Kirchweih getanzt wurde. Im Erdgeschoss befanden sich neben der Wachstube von Polizeidiener und Nachtwächter auch das Feuerwehrmagazin und das „Salzlädle".

Das Monopolrecht des Salzhandels für die umliegenden Gemeinden wurde Steinheim 1566 von den Grafen von Württemberg verliehen und bestand bis 1814.

An der Rathausecke sind die Höhen verschiedener Hochwasser abzulesen – die höchsten sind allerdings nur in den Büchern angegeben als „eine Handbreit über den Rohren des Marktbrunnens" oder „eine Handbreit über dem Altar der Kirche". Bis zu 19-mal im Jahr war Steinheim nicht an, sondern „in der Murr", die ganze Marktstände und das Holz des Holzmarktes wegschwemmte. Die Bewohner der Innenstadt mussten ihre Vorratskeller jenseits der Murr in den Berg graben.

Der Brunnen

Der Löwe mit dem württembergischen Wappenschild (Württemberger Hirschstangen, Rauten von Teck, Markgröninger Reichsturmfahne, Fische von Mömpelgard) unterstreicht die Bedeutung des Marktbrunnens als einem der drei „laufenden" Brunnen für die Wasserversorgung der Stadt. Er wurde ursprünglich von Quellen jenseits der Murr über Holzrohre, die den Fluss unterquerten, gespeist. Der eiserne Trog wurde im Winter mit Mist „isoliert".

Der Brunnenstock ist eine Arbeit des Steinmetzen Canz. Am erneuerten Brunnentrog aus dem Jahr 1800 waren die Eichgeräte angebracht – in Steinheim galten Esslinger Maße.

Der Marktplatz

Händler und Handwerker wurden schon früh in den Gemeindeverband geholt, ihre Läden prägten sicher auch den Marktplatz. Das Marktrecht für Steinheim ist unter Mithilfe Melchior Jägers von Gärtringen, der am württembergischen Hof eine einflussreiche Position besaß, 1609 in Höpfigheim erneuert worden. Der Jahrmarkt war ein bedeutendes Ereignis, da nur dort Dinge, die nicht im Ort erzeugt wurden, erworben werden konnten. Holz- und Viehmärkte wurden aus der weiten Umgebung beschickt. Während der Märkte wurden Markt und Tore von bewaffneten Bürgern, dem „Harnisch“, bewacht. Seit 1974 wird samstags ein Wochenmarkt abgehalten.

Die Martinskirche

Ein aus Fachwerk ausgeführtes Vorgängergebäude bestand sicher bald nach der Gründung Steinheims. Darauf verweist die Benennung nach dem heiligen Martin von Tours, dem Stammesheiligen der Franken.

Zur Zeit ihrer ersten urkundlichen Nennung 1235 hatte die Kirche schon eine Mittelpunktsfunktion für die umliegenden und teilweise abgegangenen Weiler. Später wurden noch Seitenschiffe angebaut, die ehemaligen Schiffswände zu Pfeilern umgebildet. Bis vor hundert Jahren war die Kirche von einer zehn Meter hohen Mauer umgeben, innerhalb derer sich der Friedhof befand und die bei Bedrohung von außen der Bevölkerung als Schutz diente.

Die Kirche ist Grablege des Dietrich von Plieningen, des Ortsherren von Kleinbottwar, der 1485 verstarb. Erst später wurde die dortige Georgskirche als Grablege der Plieningen errichtet.

Der bauliche Zustand war wegen der häufigen Hochwasser oft schlecht. Gegenüber der Kirche steht das einzige noch erhaltene Backhaus der Gemeinde. Es ist seit 1838 in Betrieb. An der Wand ist die Befestigung für das Fleckenschiff zu sehen, das die Gemeinde für Hochwasser unterhielt.

In dem angrenzenden kleinen Häuschen wurde der Finder des Urmenschschädels, Karl Sigrist, 1901 geboren. Das stattliche Gebäude daneben wurde von Amtmann Friedrich Leibius 1741 erbaut, der seine Initialen über der barocken Tür festhalten ließ.

Das Badtor

Der Brunnen an der ehemaligen Friedhofecke erinnert an das bis 1706 betriebene Badhaus. Dieses wurde dauernd beheizt, bildete daher eine Brandgefahr und musste außerhalb der Stadtmauer errichtet werden (Badtorstraße 15). Wichtig für einen Bader war besonders, dass er „schern und schrepffen kind“, d. h. Haare schneiden und schröpfen konnte.

Das Schlössle

Das Schlössle wurde von Johann Caspar Mitschilin 1624 erbaut. Es erfüllte später unter verschiedenen Besitzern unterschiedliche Nutzun-

gen. Unter anderem war hier einer der hervorragendsten Orgelbauer im Herzogtum Württemberg, Michael Schmahl, tätig. Im Jahre 1693 brannte das Gebäude ab. Der Händler Hueber aus Stuttgart baute es 1723 wieder auf. Unter dem Schlössle befinden sich zwei große gewölbte Keller.

Murrbrücke

Der rührige Schultheiß Hans Trautwein ließ die Brücke 1603 an Stelle einer Furt erbauen, die bei Hochwasser nicht passierbar war. Doch 1796 riss ein Eistreiben Teile der Brücke weg.

Am 20.4.1945 wurde die Brücke, einen Tag vor dem Einmarsch der Amerikaner, von der Wehrmacht gesprengt und bis 1954 wiederhergestellt.

1980 wurde auch der 1906 begonnene Ausbau der Murr abgeschlossen, durch den Steinheim vor großen Hochwassern geschützt werden soll. Von der Murrbrücke flussaufwärts wurden mit Buchten und Inseln ökologisch wertvolle Lebensräume geschaffen, sodass dieser Teil des Murrlaufs als „Muster des naturgemäßen Wasserbaus“ gilt.

Bottwarbrücke

Schon 1588 wurde die steinerne Brücke durch Hochwasser weggerissen. Eine neue Brücke wurde gebaut. Im Jahre 1825 wurde ab der Bottwarbrücke die Bottwar in ein begradigtes Bachbett verlegt, der Einlauf der Murr verbessert und der Rückstau, der manchmal Grund zu Hochwasser war, gemindert. Die heutige Bottwarbrücke wurde 1981 errichtet.

Das Wasserrad

Bis 1991 befand sich an Stelle des heutigen Gebäudes „August-Scholl-Straße 2“, benannt nach August Scholl, Bürgermeister von 1948 bis

1962, die „Sägmühle“. Sie war bis 1860 auch Walk-, Gips-, Ölmühle und Hanfreibe.

Das Wasserrad, heute ein technisches Denkmal, wurde 1896 an Stelle eines hölzernen Rades angebracht. Das „halbmittelschlächtige Kropfrad“ mit seinen 6,20 Metern Durchmesser war bis 1971 in Betrieb.

Die Lokomotive

1894 hatte die Postkutsche ausgedient, die Schmalspurbahn zwischen Marbach und Beilstein, die so genannte Bottwartalbahn – im Volksmund auch der „Entenmörder“ genannt – wurde feierlich eröffnet. Da sie wegen ihrer Langsamkeit und Unbequemlichkeit nicht mehr angenommen wurde, musste der Personenverkehr 1966 eingestellt werden. Die Strecke bis Steinheim wurde danach für den Güterverkehr auf Normalspur ausgebaut, inzwischen aber ebenfalls abgebaut. Die Bahntrasse von Steinheim nach Heilbronn ist heute ein beliebter Radwanderweg.

Die Lokomotive, 1918 bei der Fa. Henschel in Kassel gebaut, fuhr zunächst im Erzgebirge und im Oberland, bevor sie auf der Bottwar-

strecke eingesetzt wurde. Der Bahnhof, der bei seiner Erbauung weit außerhalb des Ortes lag, dient heute als Vereinsheim. Nur noch wenige Firmen erinnern im Industriegebiet an die damalige Dominanz der Steinheimer Stuhlmöbelindustrie, die sich nach dem Bahnbau hier ansiedelte.

Fundstelle des Homo steinheimensis / Gedenkstätte

Wurde solches Suchen auch von manchem belächelt, so veränderten doch die Funde von Wasserbüffeln, Auerochsen, Riesenhirschen und Urpferden unser Weltbild. In besonderer Weise gilt dies für den Schädel jener „Homo steinheimensis“ (Steinheimer Mensch) benannten 25-jährigen Frau, der 1933 von Karl Sigrist entdeckt wurde. Nach ihm und dem heutigen Betreuer der Steinheimer Funde, Prof. Dr. Karl Dietrich Adam, sind die Straßen benannt, die uns zur Fundstelle führen.

Die „Steinheimerin“ lebte vor ca. 250 000 Jahren zur Zeit eines „warmgemäßigten Klimas“ in einer wald- und wildreichen Landschaft als Angehörige einer Jäger- und Sammlerhorde mit dem Faustkeil als wichtigster Waffe.

Im Zuge der Bebauung der Kiesgrube wurde 1991 auch die Gedenkstätte errichtet. Symbolisch ist der Schädel in die Sand- und Kiesschichten eingeordnet, durch die das Alter der Knochen bestimmt wird.

Museum zur Kloster- und Stadtgeschichte

Die Grundmauern des Gebäudes stammen von einem römischen Gutshof mit Bad, der etwa von 150 bis 250 n. Chr. benutzt wurde. Auf den Ruinen wurde im 12. Jahrhundert ein repräsentativer Hof der Markgrafen von Baden errichtet, ein monumentaler langer Steinbau, der nach der Gründung des Klosters zur Kirche umgebaut wurde. An die Kirche schlossen sich die drei Flügel der Klausur an, die einen Kreuzhof mit einem arkadengeschmückten Kreuzgang umschlossen.

1643 verursachte ein Wachfeuer einen Brand, der das Gebäude weitgehend zerstörte. Als Stall und Scheune genutzt, geriet seine ehemalige Funktion in Vergessenheit. Im Zuge von Sanierungen wurde es wiederentdeckt und 1981 bis 1983 unter Leitung von Dr. Untermann „ergraben", sodass sich die Stadt Steinheim entschloss, in der Ruine ein Museum einzurichten, das die wichtigsten Grabungsfunde präsentiert. Es wurde 1989 eingeweiht.

Öffnungszeiten: Nach Voranmeldung unter Tel.-Nr. 07141-16317 oder 07141/207958 (Herr Dietl)

Hans-Trautwein-Haus / Urmenschmuseum

Das nach dem rührigen Schultheiß Hans Trautwein (1634 von plündernden Soldaten ermordet) benannte „Urmenschmuseum" war ursprünglich das Frühmesshaus. Seit 1565 wurde es als „Deutsche Schule" genutzt. Der Lehrer musste die Arbeit des Mesners, also Kirchendieners, mit übernehmen und bezog dessen Einkommen. Das Haus muss sich oft in einem sehr schlechten Zustand befunden haben – mal fielen Deckenteile in die Klasse, mal ein Ofen, mal drohten ganze Wände zusammenzubrechen, sodass das Gebäude 1791 und 1847 völlig neu aufgebaut werden musste. Über 200 Schüler wurden 1847 von einem Schulmeister und einem Lehrgehilfen in zwei durch einen dünnen Bretterverschlag getrennten Räumen unterrichtet.

1968 wurde hier das Urmenschmuseum eingerichtet, das 1983 von Prof. Adam neu gestaltet wurde. Es zeigt im oberen Geschoss die Entwicklung des Menschen, im unteren die eiszeitliche Tierwelt vom Zwergpferd bis zum Riesenelefanten - ein eindrucksvoller Abschluss für einen Gang durch Steinheims Geschichte.

Öffnungszeiten: Dienstag bis Sonntag 10–12 Uhr, 14–16 Uhr (Sommer bis 17 Uhr) – Tel.-Nr. 07144-21226

Früher Schule, heute Verwaltungsstelle

Kleinbottwar

Kleinbottwar war im Mittelalter von den Klöstern Murrhardt (gegründet 816/817) und Mariental in Steinheim beeinflusst, noch stärker aber von den badischen Ministerialen. Schloss Schaubeck wird erstmals 1272 als badische Ministerialenburg erwähnt.

St.-Georgs-Kirche

Im Jahre 1406 erlangte Württemberg einen Teil der Hoheits- und Besitzrechte in Kleinbottwar. Die wohl einflussreichste Familie waren die von Plieningen, die 1480–1645 mit der württembergischen Ortshälfte beliehen wurden. Sie erreichten die Selbstständigkeit von Ortschaft und Kirche und errichteten ab 1491 an Stelle einer Georgskapelle die Georgskirche mit Grablege und reicher Ausstattung. Der Flügelaltar, die Stifterscheiben, die Epitaphien, das Taufbecken und die Grablege sind einmalig in unserem Raum.

Haus des Schultheißen

Im Jahre 1619 wurde an der Hohen Straße das „Haus des Schultheißen“ mit interessant gestaltetem Eingang und Hausinschrift erbaut.

Amtshaus

Das Amtshaus wurde nach dem 30-jährigen Krieg von Megizer von Velldorf erbaut, brannte 1693 (Franzoseneinfall) ab und wurde 1706 von Sebastian von Gaisberg wieder aufgebaut. Es ist das Geburtshaus von Eduard von Zeller, einem hochbegabten Philosophen.

Apotheke

In der Amtstraße wurde von 1768 bis 1821 eine Apotheke betrieben.

Mittelschloss

Das Mittelschloss, das so genannte Neuenschaubeck, wurde 1541–1543 von Hans Dietrich von Plieningen mit einem 500 000 Liter fassenden Keller erbaut. Nach seiner Zerstörung im 30-jährigen Krieg wurde es von Wolfgang Friedrich von Eltershofen nach 1693 wieder aufgebaut.

Pfarrhaus

Das heutige Pfarrhaus ist 1795 als Gaststätte „Zum Rad“ erbaut worden. Diese Gaststätte, das heutige „Rädle“, wurde später an die Hauptstraße verlegt. Daneben liegt die ebenfalls traditionsreiche Gaststätte „Zum Hirsch“. Beide Häuser zieren schöne Wirtshausschilder.

Kelter

Das Kelterrecht an der herrschaftlichen Kelter stammt aus dem Jahre 1498. Die Kelter an der Straße nach Großbottwar wurde 1935 errichtet. Nach Fertigstellung der zentralen Bottwartalkellerei in Großbottwar wird das Gebäude heute für kulturelle Veranstaltungen genutzt.

Lapidarium

Das Lapidarium an der alten Kleinbottwarer Straße wurde 1975 im Zuge der Flurbereinigung angelegt und enthält römische Weihesteine aus dem 2. Jh. sowie 15 Grenzsteine, von denen der älteste aus dem Jahre 1422 stammt. Aus unserer Zeit ist ferner ein Pultstein aufgestellt zur Erinnerung an einen deutschen Soldaten, der hier wenige Tage vor Kriegsende erschossen wurde.

1974 wurde beim Aushub einer Baugrube (Am Schleifrain 29) ein ehemals römischer Steinbruch entdeckt, bisher der einzige nachgewiesene Steinbruch im mittleren Neckarraum.

Der Lettenkeupersandstein bildete ein ideales Gestein für Säulen, Inschrifttafeln und Bildwerke. Es fand sich u. a. ein roh zugearbeiteter Stein, der seiner Form nach für einen Altar bestimmt gewesen sein dürfte. Die Maße des Rohlings sind 0,90 × 0,65 × 1,45 m.

Im Jahre 1583 hatte der Marbacher Präzeptor Simon Studion in zwei Meter Tiefe unter dem Marktplatz in Steinheim das Mittelstück eines römischen Weihesteines gefunden.

Der namentlich bekannte Stifter dieses Weihesteines war Offizier a. D. der 24. Kohorte in Benningen. Die Inschriftentafel, getragen von drei Genien, lautet:

Jupiter dem besten und größten und der Herrscherin Juno für das Wohl des Lucius Dubitatius Penegrinus, Veteran und gewesener Hauptmann der Freiwilligen, und aller Seinen. Er hat das Gelübde übernommen froh und freudig nach Gebühr.

Auf der Rückseite dieses Weihesteines sind Diana im Bad vor einem von einer Nymphe gehaltenen Tuch zwischen zwei weiteren Nymphen abgebildet. Die rechte Seite stellt Herkules dar, wie er den Riesen Antaeus in die Höhe hebt, Minerva mit der Lanze, unten rechts Antaeus' Mutter, Gaea. Auf der linken Seite sind Fortuna mit dem Füllhorn, daneben Merkur zu finden.

Der älteste Grenzstein zeigt auf der Vorderseite den erhabenen Reichsapfel und vertieft C ST für Comun Steinheim, auf der Rückseite

ist der Krummstab über dem M für das Kloster Mariental in Steinheim (1255–553) und der geteilten Jahreszahl 1422. Aber nicht nur die Symbole der Nachbargemeinden kann man hier studieren, auch der Pferdekopf der Familie von Plieningen auf Schaubeck (1480–1645) oder der Storch von Großbottwar, der bereits 1364 in einer Urkunde des Klosters Mariental erhalten ist.

Das Lapidarium ist zu finden von Kleinbottwar aus, Schlossstraße, an der Burg Schaubeck vorbei auf der Alten Kleinbottwarer Straße Richtung Steinheim – und stets zugänglich.

Höpfigheim

Höpfigheim mit seinen 2 200 Einwohnern ist seit der Gemeindereform von 1973 ein Teilort von Steinheim.

Keltengräber im Wald Kälbling weisen bereits auf eine Besiedlung durch die Kelten hin. Beim Bau der Autobahn wurde auf Höpfigheimer Gemarkung ein römischer Gutshof freigelegt. Ein gemauerter Brunnen, der zu einer römischen Siedlung gehörte, konnte 1982 beim

Ausheben einer Baugrube durch das Landesdenkmalamt untersucht und dokumentiert werden.

Erstmals wurde Höpfigheim in einer Papsturkunde im Jahre 1245 erwähnt. 1339 wird von einer Burg im Dorf berichtet. Bis um 1350 gehörte Höpfigheim zum Herrschaftsbezirk der Grafen von Württemberg, die es an die Herren von Ebersberg verliehen. Ab etwa 1400 waren als Lehen der Grafen von Württemberg die Herren von Mönsheim und von 1440 bis 1486 die Herren von Urbach die Inhaber der Lehensherrschaft. In der Zeit von 1493 bis 1521 kauften Caspar und Ludwig Speth das Höpfigheimer Lehen auf, bewirtschafteten das 180 ha große Gut, von denen noch heute Grenzsteine im Kälblingswald mit Wappen erhalten sind. 1588 wurde das Schloss von der Familie Jäger von Gärtringen in seiner heutigen Form gestaltet. Am Torhaus ist sein Allianzwappen mit dem Wahlspruch „NEQUE NIHIL NEQUE NIMIS" (weder nichts, noch zu viel) angebracht. Im Jahre 1816 wurde das Schloss und in den folgenden Jahren bis 1853 auch die zum Schloss-

gut gehörenden Wirtschaftsgebäude, die herrschaftliche Kelter und 5 ha Weinberge an die Gemeinde und Bürger verkauft. Im ehemaligen Schloss richtete die Gemeinde Schule und Rathaus mit Wohnungen ein.

Melchior Jäger von Gärtringen hatte für seine Verdienste vom Grafen von Urach das Uracher Horn für sein Wappen erhalten, das mit der schwebenden Hirschstange darüber bis zur Eingliederung 1973 das Gemeindewappen bildete.

Höpfigheim ist ein Straßendorf und war durch Weinbau und Landwirtschaft geprägt. Zwei Backhäuser und die Kelter, heute „Kulturschuppen", sind noch in Betrieb.

Die evangelische St.-Georgs-Kirche in der Ortsmitte wurde im Jahre 1490 erbaut. Sehenswert sind die Grabmäler der früheren Ortsherren Speth und Jäger von Gärtringen im Inneren. Außen steht noch das Taufbecken aus katholischer Zeit als Pflanztrog. Das Grabmal Speth wird dem herzoglichen Bildhauer Sem Schlör, der die württembergische Grafenreihe in der Stuttgarter Stiftskirche fertigte, zugeschrieben. Das Grabmal des Jäger von Gärtringen (gestorben 1611) zeigt im Hintergrund eine Ortsansicht von Höpfigheim. Das Pfarrhaus stammt aus dem Jahre 1588. Die katholische Bruder-Klaus-Kirche von 1962 enthält im zugehörigen Turm neben Glocken aus dieser Zeit auch eine Glocke aus dem Jahre 1681 von Peter Bruncler.

Weitere Informationen:

Stadt Steinheim, Marktstr. 29, 71711 Steinheim
Telefon: 0 71 44 / 263-0
Internet: www.stadt-steinheim.de

Murr

Murr heute

Murr hat den Charakter eines Straßendorfes an der Landstraße von Ludwigsburg ins Bottwartal bis heute bewahrt. Die Einwohnerzahl beläuft sich auf 5 900, seine Gemarkungsfläche umfasst 780 ha. Landwirtschaft und Weinbau stellten bis in das 20. Jahrhundert die Haupterwerbsquellen dar. Heute sind nur noch wenige Landwirte und Gärtner, die alle am Ortsrand angesiedelt sind, in diesen traditionsreichen Berufen tätig. Anders in Industrie und Gewerbe: Auf rund 44 ha gewerblichen Flächen sind Betriebe verschiedenster Branchen mit nahezu 2 000 Arbeitsplätzen zu finden.

Die neu gestaltete Ortsmitte mit Dorfplatz, Ladengeschäften sowie Bürger- und Rathaus entstand 1986–91. Die Entlastung des Ortskerns vom Durchgangsverkehr erfolgte durch die 1993 eingeweihte Umgehungsstraße.

Und wie man die Bewohner sonst noch nennt

„Schnecke"
Den Namen Schnecke gibt es in Württemberg sehr häufig. Er weist – meist in Weinbaugebieten – auf die Schneckenplage im Wengert hin. Eine weitere Erklärung ist, dass man einfach auf die Langsamkeit seiner Bewohner hinweisen wollte.

Murr in der Geschichte

Erstmals schriftlich erwähnt wurde Murr in einer Urkunde des Diakons Wolvald aus dem Jahre 972. Ein römischer Weihestein zu Ehren des Gottes Vulcan, gestiftet von den *vicani murrenses*, den Bewohnern an der Murr, gibt Kunde von der römischen Besiedlung um 200 n. Chr. Von der fränkischen Merowingerzeit bis ins Mittelalter scheint Murr eine Siedlung mit gewissen zentralörtlichen Funktionen gewesen zu sein. Ein Reihengräberfeld mit etwa 100 Gräbern aus alamannisch-fränkischer Zeit wurde am Nordrand von Murr entdeckt. Zur Verwaltung seiner rechtsrheinischen Besitzungen unterhielt das Bistum Speyer in der zweiten Hälfte des 13. Jahrhunderts hier ein Landkapitel – *capituli ecclesie de Murre*.

Im Mittelalter besaßen das Dominikanerinnenkloster Mariental in Steinheim, das Stift Backnang und die Propstei Ellwangen Grundherrschaften in Murr. Das Dorfes kam 1302 von den Grafen von Teck zusammen mit Marbach an Graf Eberhard I. von Württemberg. Murr gehörte von da an zum Amt Asperg und später zum Amt/Oberamt Marbach.

Rundgang durch Murr

Peterskirche

Das Petrus-Patrozinium der heutigen ev. Pfarrkirche weist auf eine Gründung der Kirche in der Karolingerzeit hin. Die wehrhafte, früher ummauerte Kirche wurde in spätgotischer Zeit erbaut oder stark verändert, der Ostturm wohl schon im 14./15. Jahrhundert (dort vorhandene Jahreszahl 1489). Der Sakristei-Anbau erfolgte nach dem Steinmetz-Meisterzeichen und der Jahreszahl im rippengewölbten Schlussstein 1513. Die Kirche steht heute unter Denkmalschutz.

Bergkelter

Die Bergkelter, außerhalb des Ortes gelegen, wurde erstmals 1521 erwähnt, 1983/84 ausgebaut und steht heute unter Denkmalschutz.

Sog. „Schlössle"

Das schönste Fachwerkhaus in Murr (Mühlgasse 10), weshalb es der Volksmund so bezeichnet. 1614 erbaut und ab 1986 grundlegend renoviert.

Zehntscheuer

Die Zehntscheuer in der Mühlgasse trägt die Jahreszahl 1557 über dem Sandsteinbogen. Sie wurde nach der Zerstörung im Dreißigjährigen

Krieg vermutlich 1648/49 wieder aufgebaut.

Tagungsstätte des Hartgerichts

Das Dorf war neben Marbach und Steinheim Sitz des bis 1839 bestehenden Hartgerichts. Die Gerichtsstätte mit 7 Steinsitzen unter einer Linde am Nordostende des Orts ist noch erhalten. Das Hartgericht stellte nach der Hartordnung von 1580 die oberste Instanz dar für die gemeinschaftliche Nutzung und Verwaltung des ursprünglich über 2 500 Morgen großen Hardtwalds zwischen dem Bottwartal und Rielingshausen. Der Waldbesitz war sicher keine adlige Stiftung, wie dies behauptet wird. Dies wurde nur vorgeschoben, um sich vor anderen Besitzansprüchen zu schützen. Eigentümer dieses Waldgebietes waren und sind die Städte und Gemeinden Marbach, Erdmannhausen, Murr, Steinheim, Pleidelsheim, Benningen und Beihingen, jetzt Stadtteil von Freiberg am Neckar. Getagt wurde unter freiem Himmel, jeweils am 23. April (an Georgii). 1840 wurde der Wald auf die einzelnen Gemeinden aufgeteilt.

Informationsanlage zur römischen Besiedlung

Zwischen Floßhaussteg und Brückenstraße befindet sich eine kleine Anlage mit zwei römischen Weihesteinen (Abgüsse), die über die römische Besiedlung im Vorfeld des Kastells in Benningen informiert. Im dortigen Bereich wurden 1990 und 1994 Reste einer größeren römischen Siedlung mit zahlreichen Töpferöfen und einer Schiffsanlände gefunden.

Weitere Informationen:

Bürgermeisteramt Murr, Hindenburgstraße 60, 71711 Murr

Telefon:	*(0 71 44) 26 99-0*
Telefax:	*(0 71 44) 26 99-30*
Internet:	*http://www.gemeinde-murr.de*
E-Mail:	*murr@kdrs.de*

Benningen

Benningen heute

Benningen, an der Neckarschleife gelegen mit Blick auf seine Weinberge in Steillage am gegenüberliegenden Neckarufer, zählt heute 5 540 Einwohner. Die Gesamtmarkungsfläche umfasst 487 ha, davon 88 ha Wald.

Einen über die Region hinausgehenden Bekanntheitsgrad verdankt Benningen den Funden aus der Römerzeit und seinem Museum im Adler, das durch wechselnde Ausstellungen immer wieder begeistert.

Oder wie sie sonst noch genannt werden

„Hommel" (Jungstier)
Die „Hommel" gehören in die Reihe der Tierhenkergeschichten, die auf den Schildbürgerstreich zurückgehen, einer Tierseuche Herr zu werden, indem man einen lebenden Jungstier begrub.

Benningen in der Geschichte

Im Jahr 779 wurde Benningen zum erstenmal urkundlich erwähnt. Graf Kunibert schenkte seine Besitzungen in Benningen dem Kloster Fulda.

85 n. Chr. besetzten die Römer das Land und errichteten um 100 n. Chr. ein Kastell aus Stein. Die 24. Kohorte der freiwilligen römischen Bürger (Cohors XXIV Voluntariorum Civium Romanum) unter dem Befehl des Publius Quintius Terminus tat hier ihren Dienst. Neben dem Kastell entstand ein ziviles Lagerdorf mit Händlern, Handwerkern, Wirten, Bauern und Angehörigen der Soldaten.

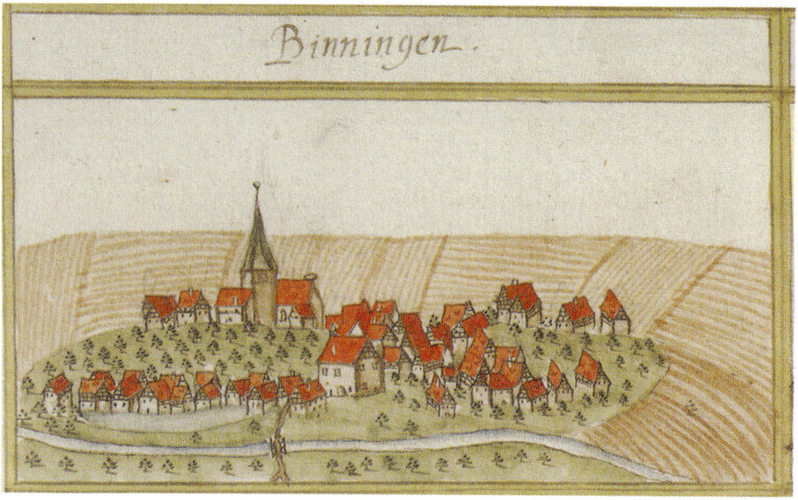

Teilstück der freigelegten Römerstraße vor modernem Rathaus

Um 259/260 n. Chr. eroberten die Alemannen das Land. Die Sweben, später Schwaben genannt, siedelten sich hier im Raum an. Einer ihrer Sippenführer war Bun(n)o, von ihm hat der Ort seinen Namen. Seine Sippe nannte man „die Bunninge“, daraus wurde „zu den Bunninge“. Im Laufe der Jahrhunderte wandelte sich das „u“ zu „ü“, dann zu „i“. Erst zwischen 1740 und 1810 bildete sich der Name Benningen.

Als die Franken im 8./9. Jahrhundert die Oberhoheit in diesem Gebiet erlangt hatten und mit ihnen das Christentum kam, erhielt der Ort seine erste Kirche.

1351 überließ die verarmte Katharina von Veringen ihre Besitzungen in Benningen zum Dank für erhaltene Unterstützung ihren beiden Vettern, den Grafen Eberhard II. und Ulrich IV. von Württemberg. 1497 ging ganz Benningen in den Besitz des Herzogtums Württemberg über.

1579 entdeckte Simon Studion, Präzeptor an der Marbacher Lateinschule, einen römischen Weihestein, der in die Wand eines Weinkellers eingemauert war.

Im Jahr 1600 baute man das erste Rathaus in Benningen, 1603 wurde die große Kelter angebaut.

Beim Bau des Rathauses 1971 gelang es, ein Teilstück einer römischen Straße freizulegen. Dieses Straßenstück konnte erhalten werden und ist heute offen zugänglich.

1630 erbaute Melchior Hirschmann das Gasthaus „Zum Adler", die erste Schildwirtschaft am Ort, der Wirt durfte auch beherbergen und nicht nur verköstigen. Heute ist in diesem Gebäude das volkskundliche Museum im Adler mit Themen aus der Alltagskultur.

Im 18. und 19. Jahrhundert wanderten viele Benninger Bürger aus, um der Armut und der Not zu entgehen. Die meisten gingen nach Nordamerika.

1876 wurde die Eisenbahnlinie Marbach–Bietigheim gebaut.

Historischer Rundweg durch Benningen am Neckar

Am neuen Rathaus, Studionstraße 10: Freilichtanlage mit Teilstück einer Römerstraße, Weihesteinen und Jupiter-Gigantensäule. Der Prä-

zeptor der Marbacher Lateinschule Simon Studion entdeckte 1579 in einem Weinkeller einen ins Mauerwerk eingebauten römischen Weihestein. Er veranlasste Grabungen in Benningen. Dies waren die ersten Ausgrabungen auf württembergischen Boden. Die Funde bildeten den Grundstock des Stuttgarter Lapidariums.

Der Friedhof wurde im „Pestjahr" 1626 außerhalb des Ortes angelegt, da der Kirchhof nicht mehr ausreichte. 1629 wurde die Friedhofsmauer erstellt. Die Kapelle wurde 1947 aus den Steinen des gesprengten Eisenbahnviadukts errichtet. Der Benninger Friedhof ist als Naturdenkmal ausgewiesen. Die Birken der Mittelallee sind Schlaf- und Ruheplätze von Waldohreulen.

Das ehemalige Schulhaus ist 1783 auf den Grundmauern des alten Schulhauses erbaut. Es wurde bis 1954 als Schulgebäude genutzt, seit 1982 ist es DRK-Vereinsheim.

Die spätromanische Pfarrkirche mit wehrhaftem Chorturm und hochummauertem Kirchhof stammt aus dem 13. Jahrhundert. Das Kirchenschiff wurde 1527 vergrößert, das Zeltdach des Turmes 1846 nach einem Blitzschlag erneuert. Der Turm ist 45 Meter hoch. Im Innenraum hängen 14 Emporenbrüstungs-Bilder, die 1695 von Benninger Bürgern gestiftet wurden. Über dem Altar befindet sich ein großes Kruzifix (16. Jh.) eines unbekannten Künstlers. Der Taufstein aus dem Jahre 1481 wurde Mitte des 19. Jahrhunderts erneuert.

Schulstraße 4, Hof der Küferei Breymeier. Eduard Mörike spricht in seinem Gedicht „Erinnerungen“ (1822) von diesem Hof. Hier las er seiner Cousine und Jugendliebe Clärchen Neuffer aus dem „Robinson“ vor, während sein Onkel in der benachbarten Kirche Kinderlehre abhielt.

Die Kirchhofmauer der alten Wehrkirche wurde 1969 erneuert. Sie umgab die Kirche und bot in Kriegszeiten der Bevölkerung Schutz. Davor standen ein Backhaus und eine Schmiede. Links oben in der Mauer befindet sich ein mittelalterlicher Neidkopf, wohl einem Scharfrichter nachempfunden, der zu einem Schandpfahl in unmittelbarer Nähe hinüberschaute.

Das evangelische Pfarrhaus wurde 1612 nach Plänen des herzoglichen Baumeisters Heinrich Schickhardt erbaut. August von Pauly (1796–1845), der berühmte Archäologe und Theologe, und Clara Neuffer (1804–1837), Cousine und Jugendliebe von Eduard Mörike, wurden in diesem Haus geboren. Das Pfarrhaus ist 1919 grundlegend renoviert worden.

Die Schnitzhofanlage, im 17. Jahrhundert auch „Loserhof“ genannt, war einst mit Mauer und Tor an die Wehrmauer der Kirche angebaut. Er war ein Fron- und Herrenhof der Hacken von Hoheneck. 1291 als „Wendershof“ zum ersten Mal urkundlich erwähnt. Zu diesem Hof gehörte ein bedeutender Grundbesitz. Über der Haustür steht die Jahreszahl 1592. Der Torbogen wurde im 17. Jh. erneuert. Er zeigt die gleichen Steinmetzarbeiten wie der Torbogen des Gasthauses zum Adler.

Ludwigsburger Straße 15–19, Nr. 15 „Schwalbennesterhaus“, auch „Bedhaus“ genannt, mit Hunderten von Schwalbennestern an der Giebelseite. Das Wort „Bede“ bedeutete „erbetene Unterstützung“, wurde aber auch im Sinne von Steuer und Abgabe gebraucht. Nr. 17, „Oberes Torhaus“, auch „Berwarthhaus“ genannt, erbaut auf den Grundmauern aus dem 12. Jahrhundert. Nr. 19, „Küferei und Wirtschaft Zum Fass in der großen Gass beim Bronnen“. Vor dem Haus waren viele Fässer aufgereiht. Alle drei Häuser mussten auf Grund der Ortskernsanierung abgerissen werden.

Gasthaus „Zum Adler"

Gasthaus „Zum Adler", 1630 von Melchior Hirschmann und seiner Frau Gertrauda als Schildwirtschaft erbaut. Schwäbisches Mittelganghaus mit großem Gewölbekeller und Rollwerksmalerei aus dem 17. Jahrhundert. 1986 wurde das Haus restauriert und 1989 ein volkskundliches Museum mit Themen zur Alltagskultur eingerichtet.

Altes Rathaus, 1660 erbaut. Im Untergeschoss war rechts vom Eingang das Wachlokal für Nachtwächter und Scharwachen, später auch für die Polizei, links befand sich ein Lagerraum für Feuerwehrgeräte. Der breite Treppenaufgang im Innern führte in die Amtsräume und zum Ratssaal. Bis 1937 wurde das Haus als Rathaus genützt, 1887 vollkommen restauriert. Heute ist es großes Bürgerhaus mit Senioren-Begegnungsstätte und Räumen für den Jugendclub.

Die Kelter wurde 1603 an das Rathaus angebaut, mit großem, freitragenden Dachstuhl und vier Werksteintorbogen für Ein- und Ausfahrten. Die Kelter war bis 1881 Eigentum der Benninger Weinbauern und war mit vier Kelterbäumen ausgestattet. Heute ist sie großer Bürgersaal für die Gemeinde. 1842 wurde ein Backhaus angebaut, das 1983 renoviert und mit neuem Ofen ausgestattet wurde. Hier wird regelmäßig von der Backhausgemeinschaft Benningen e.V. gebacken.

Abundantia, römische Göttin des Überflusses, Brunnenfigur aus Bronzeguss, 1990 von dem Künstler Martin Kirstein, Bildhauer in Winnenden geschaffen.

Brückenhaus, ehemaliges Zollhaus für die überdachte Holzbrücke, die 1785 erbaut worden war und 1945 durch Sprengung zerstört wurde. Noch im 19. Jahrhundert wurden ihre beiden Tore jede Nacht geschlossen. Die Holzbrücke war Treffpunkt der Jugend, auf ihr und unter ihrem schützenden Dach wurde sogar zur Mundharmonika getanzt. Nach der teilweisen Zerstörung bei Kriegsende wurde die Brücke Anfang der 50er-Jahre entfernt und durch die heutige Spannbetonbrücke ersetzt.

Ehemaliges Gasthaus „Zum Hirsch“. Ein Eichenpfosten trägt die Jahreszahl 1540. Vor dem Gasthaus befand sich der Hirschbrunnen, eine der fünf Pumpstationen des Ortes. Das heutige Gebäude geht auf das Jahr 1759 zurück.

Gegenüber befand sich der zweite Fron- und Herrenhof des Ortes, der Veringenhof. Zu diesem Hof gehörte ein großer Grundbesitz. 1351 schenkte Katharina von Veringen ihren Vettern, den Grafen Eberhard II. und Ulrich IV. von Württemberg, für erhaltene Unterstützung ihre Besitzungen in Benningen. Der Hof wurde 1987 abgerissen, eine Seniorenwohnanlage für betreutes Wohnen wurde 2001 erbaut.

Gottlieb-Storz-Haus, Geburtshaus des ersten Benninger Ehrenbürgers. Früh verwaist wuchs Gottlieb Storz (1852–1939) bei Pflegeeltern auf. Er erlernte das Küferhandwerk und wanderte 1872 nach Amerika aus. Vom Küfer über Braumeister zum Brauereibesitzer in Omaha/Nebraska gelangte er zu großem Reichtum. Er war in schweren Zeiten ein großer Wohltäter für seinen alten Heimatort und wurde 1922 zum Ehrenbürger ernannt.

In der Marbacher Straße steht die Rekonstruktion eines der fünf Pumpbrunnen des Ortes. Bis zur Errichtung der zentralen Wasserversorgung im Jahre 1902 holte man sich aus ihnen das nötige Wasser. Weitere Brunnen im Ort waren: der „Walkerbrunnen“ in der Hammergasse (heute Beihinger Straße). Der Rodbrunnen in der Gartenstraße, ein Brunnen vor dem Wirtshaus „Zum Fass“ in der Großen Gass (heute Ludwigsburger Straße) und der Hirschbrunnen vor dem Gasthaus „Zum Hirsch“ am Dengelberg.

Das Schafhaus wurde 1615 erbaut und im 20. Jahrhundert zur Getreidemühle umgebaut. Nach vollständiger Renovierung und Umbau wurde es 1985 zum Hotel „Mühle“.

Weitere Informationen:

Bürgermeisteramt, Studionstraße 10, 71726 Benningen am Neckar
Öffnungszeiten: Mo–Do 9–12, Fr 8–12, Mo Nachmittag 15–18 Uhr
Telefon: 0 71 44-90 60
Internet: www.benningen.de

Das Faltblatt Rundweg durch Benningen ist erhältlich im Rathaus und im Museum im Adler.
Museum im Adler (Ludwigsburger Straße 9)
Volkskundliches Museum mit römischer Abteilung und wechselnden Sonderausstellungen. Öffnungszeiten: Sonntag 14–17 Uhr, in den Ferien und an Feiertagen geschlossen. Führungen für Gruppen nach telefonischer Vereinbarung (0 71 44-1 33 29).

Marbach am Neckar

Marbach heute

Marbach am Neckar, die Geburtsstadt des großen Dichters Friedrich Schiller, liegt idyllisch eingebettet zwischen Streuobstwiesen und Weinbergen am Ufer des Neckars. Marbach entdecken, das bedeutet Begegnungen mit einer der ältesten Landstädte in Württemberg und der Literaturstadt, geprägt durch Schiller-Nationalmuseum und Deutsches Literaturarchiv. Es bedeutet das Aufspüren von Winkeln und Gassen, Fachwerkhäusern und Brunnen und vielen Details, die zusammengenommen eben das unverwechselbare Marbach bilden. Die historische Altstadt weist ein nahezu geschlossenes Ensemble von Bauten aus der ersten Hälfte des 18. Jh. auf. Die sehenswerte ummauerte Altstadt steht deshalb seit 1983 als Gesamtanlage unter Denkmalschutz.

Marbach entdecken heißt auch, den Wandel spüren: Noch um 1900 waren Landwirtschaft, Weinbau und Kleinhandwerk die Haupterwerbsquellen der Marbacher Bevölkerung. Am Ufer des Neckars wurde das Laufwasserkraftwerk in Betrieb genommen. Im Laufe des letzten Jahrhunderts entwickelte sich aus den alten Handwerken eine beachtliche Leder- und Möbelindustrie. Am Neckarufer wurden ein Dampfkraftwerk und ein Schwerölkraftwerk gebaut. Nach Stilllegung der Kraftwerke wurde auf dem Gelände ein moderner, zukunftsweisender Energie- und Technologiepark mit einer Gesamtfläche von rund 17 Hektar erschlossen.

In Marbach mit seinen Ortsteilen Rielingshausen und Siegelhausen leben heute rd. 14 800 Menschen. Marbach erstreckt sich über eine Markungsfläche von 1 806 Hektar. Die Schillerstadt verfügt über 235 Gästebetten, S-Bahn-Anschluss zur Landeshauptstadt Stuttgart und eine Anlegestelle der Neckar-Personen-Schifffahrt. Marbach liegt verkehrsgünstig an der A81 Stuttgart–Heilbronn und direkt an den Fernradwegen „Neckar-Alb-Weg“, „Neckartal-Weg“ und „Stromberg- Enztal-Weg“. Von Marbach aus starten wir dann ins Bottwartal.

Aus der Stadtgeschichte

Vermutlich im 8. oder 9. Jahrhundert wurde die fränkische Siedlung Marbach an der Kreuzung zweier Straßen, wohl als Fronhof, gegründet. Es sind die ehemalige Römerstraße vom Limes her und ein Fernhandelsweg aus Richtung Poppenweiler, der im Bereich der heutigen Altstadt sicherlich weitgehend identisch mit der Niklastorstraße verlief. Die erste Marbacher Ansiedlung lag also unterhalb des Vorgängerbaus der heutigen Alexanderkirche. Die erste urkundliche Nennung Marbachs finden wir 972 in einer Schenkungsurkunde des Diakons Wolwald zu Gunsten des Bistums Speyer. Kaiser Heinrich II. bestätigte 1009 Bischof Walter von Speyer das Marktrecht in Marbach und verlieh ihm das Recht, dort Münzen zu schlagen. Marbach ist damit einer der frühesten Markt- und Münzorte im Gebiet des heutigen Baden-Württemberg.

Nach verschiedenen Herrschaftswechseln kam Marbach 1302 in den Besitz der Grafen von Württemberg. Inzwischen war die Ansiedlung in den Bereich der heutigen Altstadt verlegt worden und hatte seit Mitte des 13. Jahrhunderts Stadtrecht. Nach dem verlorenen Pfälzerkrieg war Marbach von 1463 bis 1504 unter pfälzischer Oberhoheit. Erhebliche Kriegsschäden hinterließen Ende 1546 der Schmalkaldische Krieg und zwischen 1634 und 1648 der Dreißigjährige Krieg (1618–1648). Den schwersten Schicksalsschlag erlitt Marbach aber in der Nacht von 27. auf 28. Juli 1693, als französische Truppen im Rahmen des pfälzischen Erbfolgekriegs die Stadt anzündeten und nahezu vollständig niederbrannten. Der Wiederaufbau wurde durch die Gründung von Stadt und Schloss Ludwigsburg zu Beginn des 18. Jahrhunderts erheblich erschwert.

Die zu Beginn des 19. Jahrhunderts stattfindende Neuordnung des deutschen Südwestens unter Napoleon brachte dem seit dem Mittelalter bestehenden Marbacher Amtsbezirk bis 1812 durch die Angliederung der Ämter Beilstein und Großbottwar seine größte Gebietsausdehnung. 1938 wurde der Oberamtsbezirk Marbach aufgelöst und aufgeteilt, indem die Stadt Marbach sowie der größte Teil des Amtes an den Kreis Ludwigsburg fielen. Seit 1879 hatte Marbach Eisenbahnanschluss, der 1894 um die Bottwartalbahn bis Beilstein und später bis Heilbronn-Süd erweitert wurde.

Die bekannteste Marbacher Persönlichkeit ist unbestritten der 1759 hier geborene Dichter und Schriftsteller Friedrich Schiller. Sein Geburtshaus und die Schillerstätten auf der Schillerhöhe sind weltbekannt. Weitere „berühmte Marbacher“ sind beispielsweise der Mathematiker, Astronom und Kartograf Tobias Mayer (1723–1762) und der Jurist Karl Georg von Wächter (1797–1880).

Marbach hat noch heute, begründet durch die frühere Bedeutung als Oberamtsstadt, eine stark ausgeprägte Umlandsfunktion als Unterzentrum. Nach dem Zweiten Weltkrieg wurden mit vielen neuen Einrichtungen und einer kontinuierlichen Strukturverbesserung die Voraussetzungen für einen modernen Zentralort geschaffen. Im Schulbereich verfügt Marbach über alle Schularten einschließlich Förderschule. Die Musikschule Marbach-Bottwartal e. V. sowie zahlreiche Sportstätten, ein Hallenbad, die Stadtbücherei und das Stadtarchiv runden das kulturelle und sportliche Angebot ab. In den Neubaugebieten Marbach-Süd I bis IV sind in den letzten Jahren zahlreiche Wohneinheiten neu geschaffen worden. Obwohl auf dem Gelände des alten Kohlekraftwerks am Neckar die Firma Würth Solar, Künzelsau, die erste deutsche Serienfertigung für Fotovoltaikzellen einrichten will und damit verbunden ein Gewerbepark entstehen soll, ist Marbach nach wie vor durch sein kulturelles und museales Angebot geprägt. Nicht nur Schillers Geburtshaus, sondern auch die nahezu vollkommen erhaltene historische Altstadt sowie das Museum im Geburtshaus von Tobias Mayer, das Technische Kulturdenkmal Ölmühle Jäger und natürlich das Schiller-Nationalmuseum tragen hierzu ihren Teil bei.

Rundgang durch die historische Altstadt

Der Rundgang durch die historische Altstadt von Marbach, die seit 1983 als Gesamtanlage unter Denkmalschutz steht, beginnt an der **Alexanderkirche**. Sie ist täglich vom 1. März bis zum 31. Oktober von 8 bis 18 Uhr geöffnet. Führungen werden ganzjährig nach Vereinbarung angeboten (Tel. 07144/102-0 bzw. Fax 07144/102-300).

Vielleicht stand an der Stelle der heutigen Kirche schon im Hochmittelalter ein Sakralbau, der wohl um die Wende vom 12. zum 13. Jahrhundert abgebrochen und durch eine groß dimensionierte dreischiffige Säulenbasilika ersetzt wurde. In der baufreudigen Zeit der Spätgotik fassten die Grafen von Württemberg Mitte des 15. Jahrhunderts den Entschluss, die romanische Basilika St. Alexander in Marbach dem Stil der Zeit entsprechend umzubauen und zu vergrößern. Ein Inschriftstein an der Westseite des Turms unterhalb des ersten Fensters nennt nachträglich die Daten 1450 für den Baubeginn des Chors, 1463 für den des Langhauses und schließlich 1481 als Baubeginn des Turms.

Der Chor wurde seit 1450 von Aberlin Jörg erbaut. Im sog. Pfälzerkrieg waren 1460 in der Schlacht bei Wüstenhausen die württembergischen Ritter Kaspar Speth und Konrad von Heinriet gefallen. Ein Fresko an der nördlichen Chorwand der Alexanderkirche zeigt die beiden Ritter, die vor einer Madonna knieten. Nach der Reformation wurde die Mutter Gottes 1565 mit einer Kruzifixdarstellung übermalt. Bei genauer Betrachtung sind aber Reste der blauen Madonnenfigur zu erkennen. Neben dem Fresko befindet sich eine Inschrifttafel mit erklärendem Text. Oberhalb des Textes ist noch heute ein Haken mit geschwungenem Schriftband zu sehen, an dem bis mindestens ins 18. Jahrhundert ein „Kappenzipfel", also wohl ein von den Pfälzern erbeutetes Feldzeichen, hing, der dem Feind als Siegestrophäe abgenommen wurde.

Von der ehemals reichen Ausmalung aus der Erbauungszeit finden sich fast nur noch Fragmente. In den nördlichen Seitenschiffen des Langhauses ist an der Ostwand das einzige größere Fresko erhalten. Es stellt den heiligen Christophorus dar. Unter der Orgelempore, übrigens auch auf der Empore, sind Dämonenmasken zu sehen. Man nimmt an, dass sie böse Einflüsse aus der Kirche fern halten sollten. Die schöne Kanzel entstand wohl gegen Ende des Kirchenbaus um 1480/90. Auf ihrem Korb ist in der Mitte ein an seiner Tiara (dreifache Krone) erkenntlicher Papst dargestellt. Der Kreuzstab in seiner rechten und das Buch in seiner linken Hand weisen ihn als den heiligen Alexander, den Kirchenpatron, aus.

Verlässt man den Wehrbezirk der Alexanderkirche, so gelangt man zur Straße Am alten Markt. Unter der Bottwartalstraße fließt der Strenzelbach, an dem sich schon im Mittelalter vom Wasser abhängiges Gewerbe, vor allem Gerber, angesiedelt hatte. Das **Gerberhaus** Am alten Markt 2 ist das bisher älteste vollständig erhaltene Marbacher Gebäude mit Ausnahme der Alexanderkirche. Nach dem Ergebnis einer dendrochronologischen Untersuchung wurde es im Jahr 1578 erbaut. Nach dem Überqueren der Hauptstraße trifft man wenige Meter die Niklastorstraße hinauf auf das Gasthaus **„Goldener Löwe"**, in dem 1732 die Mutter Friedrich Schillers, Elisabetha Dorothea Kodweiß, geboren wurde. 1726 kaufte Schillers Großvater, der Bäcker Georg Friedrich Kodweiß, das Anwesen und eröffnete wohl unmittelbar danach die Gastwirtschaft. Wenige Jahre später kam 1749 der Chirurg (zu den Handwerkern zählender Wundarzt) Johann Kaspar Schiller aus Bittenfeld als Kunde in das Gasthaus und heiratete noch im selben Jahr die Tochter des Wirts. Kodweiß geriet in wirtschaftliche Schwierigkeiten, die damit endeten, dass er und Schiller 1756/57 das Gasthaus verkaufen mussten.

Einige Meter die Niklastorstraße hinauf kommt man über den Platz, wo das 1794 abgebrochene Wicklins- oder Niklastor stand. Wenig oberhalb steht zur Rechten **Schillers Geburtshaus** (Niklastorstraße 31). Von

1758 bis 1764, also auch zum Zeitpunkt der Geburt Friedrich Schillers, besaß der Säckler (Hersteller von Lederwaren) Ulrich Schöllkopf das Gebäude, das 1812 durch eine Zeitzeugenbefragung alter Nachbarsleute als Geburtshaus Schillers identifiziert wurde. Zum 100. Geburtstag Schillers im Jahr 1859 richtete der Marbacher Schillerverein, der das Gebäude kurz vorher gekauft hatte, eine öffentliche Gedenkstätte ein, die bis heute besteht. Das Museum (Tel. 07144/17567, Fax 07144/102-202) ist täglich von 9 bis 17 Uhr (24. u. 31. Dez. nur vormittags; 25. u. 26. Dez. geschlossen) geöffnet.

Einige Meter weiter oben öffnet sich ein dreieckiger Platz, den an der Ostseite der **Wilde-Mann-Brunnen** ziert. Er hat seinen heutigen Namen von dem „Wilden Mann" als Wappenhalter des Marbacher Stadtwappens. Das Eckhaus schräg gegenüber bildet den Eingang zur Mittleren Holdergasse. Das Eckhaus Niklastorstr. 17, das ehemalige **Spezialat** (Dekanat), wurde schon drei Jahre nach dem Stadtbrand 1696 auf den massiven Resten eines Vorgängerbaus als Wohnhaus errichtet. Von diesem Vorgängerbau hat sich am Stockwerkgesims die umlaufende, aber leider unvollständige und dadurch entstellte Inschrift erhalten. Daraus geht auch hervor, dass Jakob Plobst und dessen Ehefrau Maria Gossin das Haus 1626 erbauen ließen. Von 1754 bis 1806 war hier die Geistliche Verwaltung des Marbacher Amtsbezirks untergebracht. 1845 wurde hier die erste Marbacher Zeitung „Der Postillon" gedruckt. Nun öffnet sich der Blick auf viele kleine und dicht gedrängte Häuser und man erkennt, dass die Hol-

dergassen bevorzugt das Quartier der Marbacher Weingärtner und Bauern waren, denn die Stadt war zu großen Teilen eine so genannte Ackerbürgerstadt. Nach wenigen Metern präsentiert sich die liebevoll umgebaute Scheune Holdergasse 11, in der Marbachs erste „Mikrobrauerei" eingerichtet wurde. Das Gebäude heißt im Volksmund **„Salzscheune"**.

Nun gehen wir die nächste Abzweigung nach oben in die Obere Holdergasse und diese wieder zurück. Das Gebäude Obere Holdergasse 2 nördlich der Stadtkirche, inzwischen besser bekannt als **Ölmühle Jäger** (Bild S. 145 oben), wurde nach dem Stadtbrand von Amtsschreiber Johann Christian Amend 1706 auf dem alten Sockel wieder aufgebaut. Später wurde es ein Handwerkerhaus und 1906 richtete Ölmüller Friedrich Jäger, der seit 1896 eine Hälfte des Hauses besaß, eine elektrisch betriebene Ölmühle, wohl den ersten elektrisch betriebenen Marbacher Gewerbebetrieb, ein. Die Stadt Marbach mietete das Gebäude vom Enkel des Ölmüllers und nach einfühlsamer Restaurierung im Auftrag des Landesdenkmalamtes wurde die vollständig erhaltene elektrische Ölmühle von 1906 mit späteren Ergänzungen 1994 als Technisches Kulturdenkmal Ölmühle Jäger eröffnet. Das Museum ist jeden letzten Sonntag im Monat von 14 bis 17 Uhr geöffnet (Tel. 07144/202-252, Fax 07144/102-202, Gruppenführung nach vorheriger Anmeldung).

Die **Stadtkirche**, früher auch „Unser Frauen Kirche" oder „innere Kirche" genannt, wird 1315 erstmals erwähnt und diente damals als Marienkapelle, denn Pfarrkirche war nach der Reformation (1534) vermutlich bis in die zweite Hälfte des 16. Jahrhunderts die außerhalb gelegene Alexanderkirche („äußere Kirche"). Als Schmuckstück auf der Südseite entstand der erhaltene Wendeltreppenturm als Zugang zur Empore. Das schöne Renaissanceportal zeigt das Baudatum 1602 sowie den Wilden Mann als Wappenhalter des Marbacher Stadtwappens. Es ist das einzige vollständig erhaltene Marbacher Portal dieser Zeit. 1693 brannte die Kirche bis auf die steinernen Umfassungsmauern voll-

ständig aus und wurde, größtenteils mit Spendengeldern, im nüchternen Stil wiederaufgebaut. Der Dachreiterturm in seiner heutigen Form datiert ins Jahr 1833. Die Stadtkirche ist die Taufkirche von Friedrich Schiller, Tobias Mayer und Karl Georg von Wächter und ist im Regelfall das ganze Jahr über von 9 bis 18 Uhr geöffnet.

Nun geht es vollends hinauf auf die Marktstraße, wo wir auf das Gebäude Nr. 23, das **Rathaus** der Stadt Marbach am Neckar stoßen. Das wohl erste Rathaus durfte die Stadt 1465 mit Erlaubnis des Grafen Ulrich V. von Württemberg an Stelle eines Kauf- bzw. Kornhauses errichten. Im Erdgeschoss war es weiterhin ein Kaufhaus, denn die Metzger und Bäcker hatten dort ihre Verkaufsbänke. Es brannte 1693 ab und konnte aufgrund fehlender Finanzen nicht wieder errichtet werden. Marbachs Wiederaufbau wurde durch die weni-

ge Jahre später erfolgte Gründung von Ludwigsburg schwer gehemmt. So blieb das Rathaus eines der wenigen Gebäude, das nach 1693 zunächst nicht wieder aufgebaut wurde. Erst auf den Befehl Herzog Karl Eugens nahm man von 1760 bis 1763 den Wiederaufbau vor. Das Erdgeschoss war ganz oder größtenteils eine Halle auf Freisäulen, die als Kaufhaus diente und Verkaufsbänke der Bäcker und Metzger sowie den Salzstadel beherbergte. Der heutige große Eingang hat ein Pendant im Süden und diente als Durchfahrt zum Be- und Entladen. Im Obergeschoss befanden sich die Verwaltungsräume. Das Rathaus erfuhr mehrere Restaurierungen, letztmals von 1986 bis 1989. Das Glockenspiel auf dem Türmchen wurde 1997 eingebaut. Die Melodien wechseln vierteljährlich. An Schillers Geburtstag erklingt „Freude, schöner Götterfunken". Die Spielzeiten sind Sonntag bis Freitag 10.02, 15.02 und 17.02 Uhr sowie samstags 10.02, 13.02, 15.02 und 17.02 Uhr.

Durch die Gasse rechts am Rathaus vorbei gelangt man zu einer mit einem Fachwerkstockwerk überbauten Scheune, der Rathausgasse 1. Der Stadtbrand von 1693 zerstörte das aus dem 15. Jahrhundert stammende Marbacher Rathaus, das die Stadt mangels Finanzen erst 1763 wieder aufbauen konnte. Hingegen entstand als **Interimsrathaus** diese Scheune mit Fachwerkaufbau. Unten gelangt man auf die Strohgasse. Das Gebäude Nr. 13 ist die ehemalige **Geistliche Verwaltung**. Schön ist das **Barockportal** auf der Nordseite mit dem viergeteilten Wappenschild unterm Herzogshut: württembergische Hirschstangen, Rauten des Herzogtums Teck, Barben von Mömpelgard und Reichssturmfahne. Außerdem sind die Initialen des Bauherren Eberhard Ludwig Herzog zu Württemberg und das Baujahr 1700 zu sehen. 1754 wurde das Gebäude mit dem Spezialat in der Niklastorstraße vertauscht und blieb lange Zeit Dekanat. Heute ist es Amtshaus des Stadtpfarrers, während sich das Dekanat in der Uhlandstraße befindet.

Beim Gang um die Ecke nach der Geistlichen Verwaltung stoßen wir auf das 1847 durchgebrochene **Bärentor**, das die Zufahrt zur neu geschaffenen Grabenstraße, der ersten Marbacher Umgehungsstraße, ermöglichte. Sie entstand, nachdem man den Graben vor der abgebrochenen äußeren Stadtmauer eingeebnet hatte. Geht man die Grabenstraße auf Altstadtseite ein Stück hinauf, ist der auf die innere südliche Stadtmauer aufgebaute **Diebs- oder Malefizturm**, ein ehemaliges Gefängnis, zu sehen. Weiter oben steht ein **Rondellturm** der äußeren Stadtmauer. Dieser Zwingerturm steht etwa zur Hälfte in der Erde, sodass man ermessen kann, wie breit und tief der ehemalige Graben war, der sich rings um die Stadt zog. Hier an der Südseite der Marbacher Altstadt lässt sich exemplarisch die Befestigung einer mittelalterlichen Stadt ablesen. Die innere Stadtmauer ist inzwischen überbaut, jedoch bis auf Teile an der Ostseite rings um die Altstadt erhalten. Die äußere Stadtmauer tritt nur noch an wenigen Stellen zu Tage, so beispielsweise hier an der Südseite. In unregelmäßigen Abständen wurde sie durch

Die mit der Vogtei überbaute innere Stadtmauer und die äußere Stadtmauer mit Rondellturm

Rondelltürme wie diesem Zwingerturm ausgebuchtet, um eine bessere Verteidigung zu ermöglichen. Der Freiraum zwischen innerer und äußerer Stadtmauer hieß Zwinger.

Durch den Zwinger gehend gelangt man nach einigen Metern links durch einen 1976 geschaffenen Mauerdurchbruch für Fußgänger wieder in die Altstadt. Man kann aber auch vorher die Grabenstraße überqueren und zu Fuß zur **Schillerhöhe**, wo seit 1876 das Marbacher **Schiller-Denkmal** steht. Gegenüber thront über dem Neckar das 1901 bis 1903 nach Plänen der bedeutenden Stuttgarter Architekten Ludwig Eisenlohr und Carl Weigle erbaute **Schiller-Nationalmuseum**. Das Innere des Schiller-Nationalmuseums ist ein mit wertvollen Materialien gestalteter repräsentativer Innenraum. Die ständige Ausstellung zur Literatur und Autoren seit etwa 1750 wird durch sehr beliebte Wechselausstellungen zu literarischen Themen ergänzt. Das Museum (Tel. 07144/848-601) ist täglich von 9 bis 17 Uhr geöffnet (24. u. 31. Dez. nur vormittags; 25. u. 26. Dez. geschlossen).

In den fünfziger Jahren erfolgte die Erweiterung des Schiller-Nationalmuseums zum **Deutschen Literaturarchiv** (Neubau und Anbau von 1973 und 1995), das sich bis heute als Sammel- und Forschungsstätte für jegliche Art von Nachlässen zur deutschen Literatur seit etwa 1750 sieht.

Bleibt man in der Stadt, so geht es durch einen 1976 geschaffenen Mauerdurchbruch für Fußgänger wieder in die Altstadt. Links schließt sich das Gebäude Strohgasse 3, die ummauerte Vogtei, an. Das Amts-

Schiller Nationalmuseum

haus, also die **Vogtei** oder spätere Oberamtei wurde nach dem Stadtbrand 1697/98 unter Einbeziehung der Stadtmauer auf der südlichen Giebelseite neu errichtet. Auffallend ist über dem Portal das württembergische Herzogswappen in der unter Herzog Eberhard Ludwig erweiterten Darstellung. Links daneben ist eine Gedenktafel für den berühmten Juristen Karl Georg von Wächter, der an Heiligabend 1797 als Sohn des Oberamtmanns hier geboren wurde. Das stattliche Gebäude Strohgasse 3, der ehemalige **Fruchtkasten**, beherbergt heute das Amtsgericht und Notariat. Im Ostteil sind wesentliche Reste des Wohngebäudes oder Palas der um 1250 errichteten Stadtburg verbaut. 1534 wurde das Anwesen umgebaut. Die Inschrift hat sich über einer Nordtüre mitsamt der Darstellung der württembergischen Hirschstangen erhalten. Der westlich gelegene sog. Schlosskeller wird für Veranstaltungen genutzt. Schon 1698/99 wurde der östliche Teil als Zehntscheune wieder überbaut. Im westlichen Teil befand sich das herrschaftliche Bandhaus (hier banden die Küfer ihre Fässer), das spätestens 1719/20 wieder überbaut wurde. Im 19. und 20. Jahrhundert erfolgte der Einbau von Amtsstuben und Dienstwohnungen.

Die Strohgasse, deren oberer Teil zum herzoglichen Bereich der Stadt gehörte, führte direkt auf das ehemalige Schloss zu. Heute befindet sich hier der **Burgplatz**, auf dem als Keimzelle der Stadt gegen Ende des 12. Jahrhunderts ein befestigter Herrensitz errichtet wurde und der heute ein wichtiger Marbacher Veranstaltungsort, beispielsweise für Frei-

lichttheater und Open-Air-Kino, ist. Beim Betreten ist die doppelte Ummauerung zu sehen. Seit dem Stadtbrand von 1693 war hier ein Gartenanwesen, das nach einer Arztfamilie der „Föhr'sche Garten" hieß und Mitte der 1970er-Jahre mit einem Supermarkt überbaut werden sollte. Gleich nach Beginn der Bauarbeiten stieß man auf die aktenkundig überlieferten Reste des Marbacher Schlosses, das in den darauf folgenden Jahren vom Landesdenkmalamt Baden-Württemberg ergraben wurde. Um den Platz nutzen zu können, wurden die Grabungsbefunde dokumentiert und dann wieder eingeebnet. Auf der östlichen Stadtmauer sitzt ein Fachwerkaufbau, der wohl bald nach dem Brand entstand. Weiter vorne Richtung Mauerecke ist im südöstlichen Bereich des Burgplatzes der Buckelquaderstumpf des Wehrturms der Burganlage des 13. Jahrhunderts erhalten. Geht man auf der Rampe nach rechts, dann gelangt man zu einer Info-Tafel.

Den Abschluss der Stadt nach Osten bildet unübersehbar der **Obere Torturm**, der seit seiner Renovierung 2001 eine schöne Bemalung an der Ostseite hat. Der Obere Torturm ist bis heute als letzter von ehemals drei Tortürmen, wenn auch in späterer Überformung, erhalten. Die Stadtbefestigung und das Obere Tor werden 1290 erstmals erwähnt. Der steinerne Torso des Turms überstand, wenn auch teilweise in desolatem Zustand, den Stadtbrand 1693, jedoch vergingen 25 Jahre, bis man ihn 1718 grundlegend sanierte. 1934 errichteten die Nationalsozialisten infolge früherer Planung das Kriegerdenkmal mit den martialisch wirkenden Soldatengestalten. In dem 2000/2001 renovierten Turm ist ein Museum eingerichtet. Der Turm ist von Mitte Mai bis 30. September von 11 bis 17 Uhr geöffnet. Den Schlüssel erhält man nebenan im Eiscafé La Porta gegen Hinterlegung des Personalausweises. Daneben steht die 1433 erbaute **Wendelinskapelle**, die nach 1693 Feuerwehrdepot, Stadtarchiv und Transformatorenstation war. Eine umfangreiche Renovierung brachte 1977/78 die Umnutzung zur Buchhandlung und Galerie.

Die Torgasse hinunter führt der Weg zu dem hübschen Eckhaus Torgasse 13, dem **Tobias-Mayer-Museum**. Hier wurde am 17. Februar 1723 der Mathematiker, Kartograf, Astronom und Erfinder Tobias Mayer geboren, der als Autodidakt mit 26 Jahren Professor in Göttingen wurde und dort bereits 1762 starb. Das 1711 erbaute Haus gehört dem Tobias-Mayer-Museumsverein (Tel. 07144/16942 oder 102-0) und ist an jedem zweiten und letzten Sonntag im Monat von 14 bis 17 Uhr geöffnet.

Die Stadtteile Rielingshausen und Siegelhausen

Das 776 erstmals erwähnte Dorf Rielingshausen liegt ungefähr sieben Kilometer nordöstlich von Marbach im westlichen Teil der sog. Backnanger Bucht. Im Ortskern hat sich trotz Zerstörungen des Dreißigjährigen Krieges und der Franzoseneinfälle am Ende des 17. Jahrhunderts ein beachtlicher Bestand an historischer Bausubstanz erhalten. So datieren die Gebäude Lange Straße 18, 28, 40 und 50 ins 16. Jahrhundert. Die meisten Gebäude sind giebelständige Bauernhäuser vom Typus des gestelzten Fachwerkhauses, oft mit viel Zierfachwerk.

Rielingshausen gehörte schon im späten Mittelalter zum Amt Marbach, jedoch dominierte das Augustiner-Chorherrenstift Backnang seit 1453 im geistlichen Bereich. Nach der Auflösung des Oberamts Marbach im Jahr 1938 zählte das Dorf bis zum Anschluss an die Stadt Marbach im Jahr 1972 zum Kreis Backnang.

Bekannt ist Rielingshausen als Wirkungs- und Sterbestätte des pietistischen Theologen Ludwig Hofacker, der hier seit 1826 Pfarrer war und 1828 im Pfarrhaus im Alter von nur 30 Jahren starb. Im Gebäude Königstraße 24 wurde 1808 Gottlieb Wildermuth, der Urgroßvater des Schriftstellers Max Frisch, geboren.

Von Marbach nach Rielingshausen gelangt man am besten mit dem Bus oder mit dem Auto. Spaziergängern und Bahnfreunden ist die Fahrt von Marbach aus auf der idyllischen Bahnstrecke nach Backnang zu empfehlen (Haltepunkt Erdmannhausen-Rielingshausen). Erstes Ziel ist die Einmündung der Königstraße in die Hauptstraße, wo sich bei der Volksbank (Hauptstraße 37) die Bushaltestelle befindet. Hier fällt der stattliche ehemalige Gasthof **„Zur Krone“** (Hauptstraße 43, 45 und 47) ins Auge. Das stattliche Gasthaus wurde von 1772 bis 1779 errichtet. Links am Gasthaus führte die alte Straße (Lange Straße) und rechts seit dem 19. Jahrhundert die Hauptstraße als frühe Umgehungsstraße vorbei.

Doch biegen wir nach unten in die Königstraße ein. Vor der Rechtskurve steht zur Linken das baulich stark veränderte Gebäude Königstraße 24. Hier wurde 1808 der Bäcker Gottlieb Wildermuth geboren, der in die Schweiz auswanderte und der Urgroßvater des Schriftstellers Max Frisch ist. Nach der Rechtsbiegung kommt nach wenigen Metern das stattliche Gebäude Königstraße 9, das zum **Großen Hof**, einem der 18 Rielingshäuser Lehenhöfe, gehörte. Nun geht unser Weg links in die Lindenstraße hinein. Nach ungefähr hundert Metern fällt rechts das 1840 erbaute **Gemeindebackhaus** auf. Vor uns erschließt sich nun

der Rathausplatz, das Zentrum des Dorfes. Das **Rathaus** mit seinem Dachreiter für die Rathausglocke (Rathausplatz 2) wurde laut Balkeninschrift 1753 erbaut. Das Gebäude Rathausplatz 4 links daneben ist das 1720 erbaute ehemalige **Schulhaus**, das 1788 einschneidend umgebaut wurde.

Die ehemalige Peterskirche (Rathausplatz 8) heißt seit 1965 Ludwig-Hofacker-Kirche. 1780 wurde das oberste Stockwerk des Kirchturms, das aus Fachwerk war, abgetragen und durch ein steinernes Stockwerk und einen neuen Dachstuhl ersetzt. Das heutige Kirchenschiff entstand 1811/12. Die in der klassizistischen Formensprache errichtete Kirche hat eine streng symmetrische Gliederung mit zwei axialen Fensterreihen an den Traufseiten und einen mittigen Turm. Der flachgedeckte schlichte Innenraum im Betsaalstil hat eine dreiseitige Empore. Aus dem Vorgängerbau wurde die heute noch sehr sehenswerte Orgel von 1742 eingebaut. Wenn man die Kirche, deren Inneres durch Renovierungsarbeiten 1910 und Mitte der 1960er-Jahre stark nachteilig verändert wurde, besichtigen möchte, empfiehlt sich ein Anruf beim Evangelischen Pfarrsekretariat (Telefon 07144/37041, Fax 07144/881851).

Neben der Kirche steht das stattliche **Pfarrhaus** (Rathausplatz 12). Es wurde 1743/44 über älterem Kern erbaut. Das Gebäude ist ein charakteristisches Beispiel eines barocken Pfarrhauses der Region. Besondere Bedeutung kommt dem Gebäude als Wohn- und Sterbehaus des bedeutenden pietistischen Theologen Ludwig Hofacker zu, der hier seit 1826 wirkte und 1828 sein Leben beschloss. Sein Grab kann auf dem nördlich gelegenen Friedhof besichtigt werden, den man durch das Westtor wieder verlässt. Es geht die Bergstraße hinunter zur Häldenstraße, dann in die Burgstraße und diese entlang bis zur Lange Straße, die man nach rechts weiter geht. Sie ist die eigentliche Hauptstraße und hat in früheren Zeiten wohl nicht unwesentlich zum Wohlstand des Dorfes beigetragen, denn sie ist ein Teil der sog. Salzstraße, einer alten Handelsstraße für Holz und Wein, die von Schwäbisch Hall über Rielingshausen Richtung Marbach führte. Trotz aller Kriege haben sich in der Lange Straße mehrere Gebäude erhalten, die in die Zeit vor dem Dreißigjährigen Krieg zurückdatieren. Sie stehen alle in unserer Gehrichtung auf der linken Seite und wurden 1995 dendrochronologisch datiert. Das vorkragende Haus **Lange Straße 40** entstand **1549**. Wenige Häuser weiter steht die mittelalterliche Hofanlage des **Ölmagenlehens**, dessen Hauptgebäude (Nr. 26) 1537 erbaut wurde. Das Gebäude Lange Straße 18, ein zweigeschossiges Wohnhaus in Hanglage, ist das bisher **älteste bekannte Haus** in Rielingshausen und datiert ins Jahr **1516**. Leider hat es den Großteil der originalen Bausubstanz eingebüßt, da um 1900 das Wohngeschoss aufgemauert wurde und vor nicht allzu langer Zeit die Bausubstanz im Inneren ohne Rücksicht auf gewachsene Strukturen vollständig ausgewechselt wurde. Schön zu sehen ist noch das Krüppelwalmdach mit Eulenloch. Gleich daneben steht das Gebäude Lange Straße 14, ein **spätbarockes Wohnhaus** mit Mansard-Vollwalmdach aus dem Jahr 1775.

Bevor wir die sich verengende Lange Straße weiter hinaufgehen, sollte man einen Blick zurück auf die gegenüberliegende Straßenseite werfen. Das Gebäude Lange Straße 15 ist laut Inschrift eine **Hofanlage** von 1717. Charakteristisch ist der polygonale Erker auf zwei Freipfosten. Gehen wir nun die Lange Straße weiter hinauf, ist etwas zurückversetzt linker Hand das große Gebäude Lange Straße 10, das mit dem Gebäude Hauptstraße 55 zusammengebaut ist, zu sehen. Es ist ein **giebelständiges Wohnhaus** des 16. und 17. Jahrhunderts in Hanglage zwischen den beiden Straßen. Die stattliche Hofanlage wurde 1555/56 erbaut.

Nun gehen wir die Lange Straße vollends nach oben bis zur Hauptstraße, unserem Ausgangspunkt. Wer möchte, kann jetzt auf der gegenüberliegenden Straßenseite die Kelterstraße hinaufgehen, die zu der bereits im 14. Jahrhundert erwähnten Rielingshäuser **Kelter** führt. Das heutige Gebäude (Kelterstraße 21) stammt aus dem Jahr 1718. 1990 bis 1992 renovierte die Stadt Marbach das städtische Gebäude, in dem 1994 das **Dorfmuseum Kelter Rielingshausen** des Heimat- und Museumsvereins Rielingshausen e. V. eröffnet wurde. Im Museum sind Gegenstände und Dokumente zum Weinbau in Vergangenheit und Gegenwart sowie Gebrauchsgegenstände zur Dokumentation früherer Männer- und Frauenarbeit am Ort zu sehen. Das kirchliche Leben, vor allem das Wirken Ludwig Hofackers, wird ebenfalls illustriert (Tel. 07144/3134, Fax 07144/34798, geöffnet nach Vereinbarung; Führung für Gruppen nach Anmeldung).

Seit 1828, also fast 175 Jahre, ist **Siegelhausen** ein Stadtteil von Marbach am Neckar. Allerdings gibt es, wie beim Stadtteil Rielingshausen, keine gemeinsame Markungsgrenze. Will man Siegelhausen besuchen, so gilt es zuerst, die Stadt in Richtung Affalterbach zu verlassen und in Affalterbach etwa in der Ortsmitte beim Hinweisschild Richtung Siegelhausen rechts abzubiegen. Dieser Weiler war im Hochmittelalter Pfarrort mit Mutterkirche für die umliegenden Orte südlich des Lembergs. Die Kirche entstand wohl anstelle eines heidnischen Heiligtums. Erst im 15. Jahrhundert wurden die Pfarrrechte der hiesigen Kirche an Bittenfeld übertragen, zu dem Siegelhausen heute noch kirchlich gehört. Ein Baubestand aus 300 Jahren ist als geschlossene Bausubstanz des 18. und 19. Jahrhunderts sichtbar.

Weitere Informationen:

Stadtinfoladen, Marktstraße 25, 71672 Marbach am Neckar
Telefon: 0 71 44-89 77 64
Telefax: 0 71 44-89 77 65
Montag–Freitag (außer Mittwoch) 11–18.30 Uhr
Mittwoch 9–12 Uhr, Samstag 9–13 Uhr, Sonntag 11–15 Uhr

Wanderungen im Bottwartal

Wanderung: Beilstein–Annasee

Die Tour beginnt beim Parkplatz an der Burg Hohenbeilstein (315 m NN). Es geht zu den Weinbergen in den Höhbergweg mit dem Albvereinszeichen „blauer Punkt und rote Traube", dann nach 100 m rechts leicht ansteigend. Nach einem Weinberghäusle scharf links Richtung Wald, dabei bei dem immer noch ansteigenden Weg auf Markierung achten. Eine Schranke wird passiert. Man erreicht den Höhenweg (Fohlenberg), der zwischen Reben und Wald mit einer wunderbaren Aussicht zu einem Spiel- und Rastplatz auf dem Wartkopf führt.

Zwischen Rast- und Spielplatz geht es rechts auf befestigtem Weg leicht abwärts und nach einem Gartengrundstück und Schranke geradeaus weiter. Nach Waldaustritt wird die Tour kurz links und dann gleich rechts fortgesetzt, an dieser Kreuzung unbedingt auf Markierung achten. Bei einem eingezäunten Grundstück ist eine Weggabelung, hier wird der „blaue Punkt und rote Traube" verlassen. Man wandert leicht

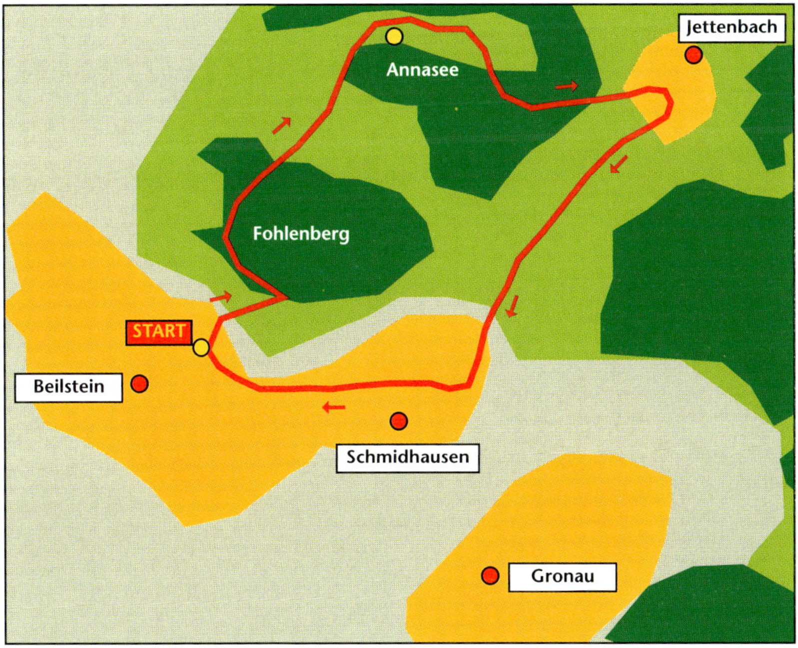

nach rechts und folgt nun durch Rebhänge dem Zeichen „blaues Kreuz". Achtung – auf Markierung achten: Bei einem Weinberghäuschen links Richtung Wald.

Am Waldrand ist ein Erinnerungsstein (Sandstein) an die Flurbereinigung von Beilstein, Schmidhausen und Etzlenswenden aus den Jahren 1976–1981. Bei einer Rastmöglichkeit (Bänke) kann man hier eine herrliche Aussicht genießen. Ein asphaltierter Weg führt nun fast eben durch schönen Laubwald. Dieser Weg ist auch ein Teil des „Altwürttembergischen Landgrabens". Der Landgraben war eine Verteidigungs- und Zollgrenze von 1456 bis 1805. Achtung – später folgt man auf schmalem Pfad nach links dem „blauen Kreuz" und kommt zum Nordufer des Annasees (376 m NN) mit Rastplatz und Feuerstelle.

An der Ostseite des Annasees bei der Wegkreuzung wandert man rechts (Markierung) zum Parkplatz, hier ein Blick nach Gagernberg. Nun wird dem Zeichen „roter Punkt" und der Wegtafel Gronau und Jettenbach gefolgt. Gagernberg (363 m NN), ein Ortsteil von Beilstein, wird durchwandert, vorbei an Backhäusle und Fachwerkhäusern. Der Weg führt (roter Punkt) abwechselnd über freies Gelände mit schönen Aussichten, durch Wald und Weinberge abwärts nach Jettenbach. Im Talgrund wird die Landesstraße L 1116 überquert und nach der Trafostation rechts auf einen asphaltierten Weg eingebogen. Vorbei an einem kleinen allein stehenden Fachwerkhäuschen und parallel zum Schmidbach wird Schmidhausen, auch ein Ortsteil von Beilstein, erreicht.

Bei den ersten Häusern kommt man zur Mühlstraße, wandert rechts und quert den Schmidbach, über Stufen geht's zur Löwensteiner Straße (nun Markierung „rotes Kreuz"), hier kurz links und nach Querung der Straße ist man im Friedhofsweg. Eine weitere Straße wird überquert, der Friedhof passiert, danach kurz links (Markierung folgen) und dann nach rechts. Der Weg führt nun zwischen links Häusern und rechts Rebhängen zum Parkplatz Hohenbeilstein, dem Ausgangspunkt der Tour.

Wanderstrecke:	*10 km*
Wanderzeit:	*3 Stunden*
Karte:	*Naturpark Schwäbisch-Fränkischer Wald*
Einkehr:	*Burg Hohenbeilstein, Beilstein*

Wanderung: Beilstein–Wunnenstein

Ausgangspunkt der Tour ist das mittelalterliche Rathaus in der Hauptstraße von Beilstein (257 m NN). Die Wanderung führt in westliche Richtung, biegt nach 200 m links in die Bahnhofstraße ein und folgt der Albvereinsmarkierung „rotes Kreuz und rote Traube" bis zur Straßenkreuzung am Gasthaus Bahnhof. Nun geht es rechts ohne Markierung in die Dammstraße und weiter in den Ilsfelder Weg, in der Linkskurve vorbei am Seniorenheim Ahorn.

Nach den Häusern kommt man vom Ilsfelder Weg in einen Hohlweg mit altem Baumbestand und vorbei an Aussiedlerhöfen über freies Gelände zum Abstetterhof, einem Teilort von Ilsfeld. Der Ort wird auf der Wunnensteinstraße fast durchwandert, nun Zeichen „roter Punkt". Kurz vor dem Ortsausgang geht es beim Haus Nr. 62 (Markierung) leicht rechts auf Schotterweg weiter. Vorbei an Baumwiesen und über freies Feld kommt man zu einem mit Beerenobst bepflanzten eingezäunten Grundstück, hier dann halblinks ohne Markierung auf unbefestigtem Weg abwärts.

In der Talsohle ist wieder der „rote Punkt", die Tour führt leicht ansteigend zur Kreisstraße K 1617. Nach deren Überquerung folgt man links dem Schild Wunnenstein und kommt zu einem der markantesten Punkte des Bottwartals (394 m NN) mit einer wunderbaren Aussicht. Der Wunnenstein ist auch von geschichtlicher Bedeutung (Bauernkrieg unter Matern Feuerbacher). Schlüssel für den Aussichtsturm ist in der Berggaststätte erhältlich. Der Markierung „rotes Kreuz" folgend wird der Wunnenstein auf schmalem Weg in östlicher Richtung abwärts verlassen.

Bei der Schutzhütte mit Weinpresse folgt man dem „roten Kreuz" und der Wegtafel Beilstein nach links in den Wald. Der unbefestigte Waldweg führt abwärts zu einem Forstweg, hier wird nach rechts eingebogen. Nach Waldaustritt wandern wir vorbei an der ehemaligen Jungviehweide mit einem schönen Blick zur Westflanke des Forstbergs. Vor Beilstein wird ein beidseitig mit Sträuchern und Bäumen bewachsener Hohlweg durchwandert und danach am Haus Libanon bei der Wegkreuzung links abgebogen. In Beilstein kommt man in den Winzerhäuser Weg und dann Richtung Ortsmitte zum Ausgangspunkt der Tour.

Wanderstrecke:	*9 km*
Wanderzeit:	*2,5 Stunden*
Wanderkarte:	*L 6920*
Einkehr:	*Abstetterhof, Wunnenstein, Gipshütte, Beilstein*

Wanderung: Krugeiche–Lichtenberg

Der Parkplatz am Bürgerhaus in Oberstenfeld (234 m NN) ist Ausgangspunkt der Wanderung. Bei der Überquerung der Bottwar und der Landesstraße L 1100 über die „Schneckenbrücke" hat man einen schönen Blick zur Stifts- und Dorfkirche. Durch die Bädergasse gelangt man zur Großbottwarer Straße (Albvereinsmarkierung blaues Kreuz und rote Traube). Hier geht es rechts, dann vorbei am Rathaus, die Lichtenberger Straße wird überquert und die Gronauer Straße erreicht. Die L 1100 wird überquert und die Tour in der Gronauer Straße fortgesetzt.

Am Ortsausgang wird bei der Fa. Werzalit eingebogen, über einen Linksbogen und Überquerung der Bottwar kommt man beim Aussiedlerhof links in die Kreuzstraße. Nach ca. 200 m gehen wir rechts kurz in die Friedenstraße, dann gleich wieder links in den landwirtschaftlichen Weg, nach 100 m an der Weggabelung rechts und nach einer weiteren Wegkreuzung ansteigend Richtung Weinberge. Die „Obere Scheiderburg-Steige" wird erreicht, auf halber Höhe halten wir uns links und vor dem Wald rechts ansteigend weiter. Am Waldrand auf der Höhe (zwei Infotafeln) hat man eine herrliche Aussicht.

Der Weg führt in den Distrikt „Nonnensteige" und zur um ca. 1850 gepflanzten Krugeiche. Hier war früher ein Rastplatz der Marktfrauen, die von Altersberg zum Oberstenfelder Markt kamen. Rechts vorbei an der Krugeiche kommt man in den Distrikt „Birkebe", auf geschottertem Waldweg wird die Richtung beibehalten. Vor dem Waldaustritt geht es links auf dem „Grenzweg" fast eben weiter (schöner Blick ins

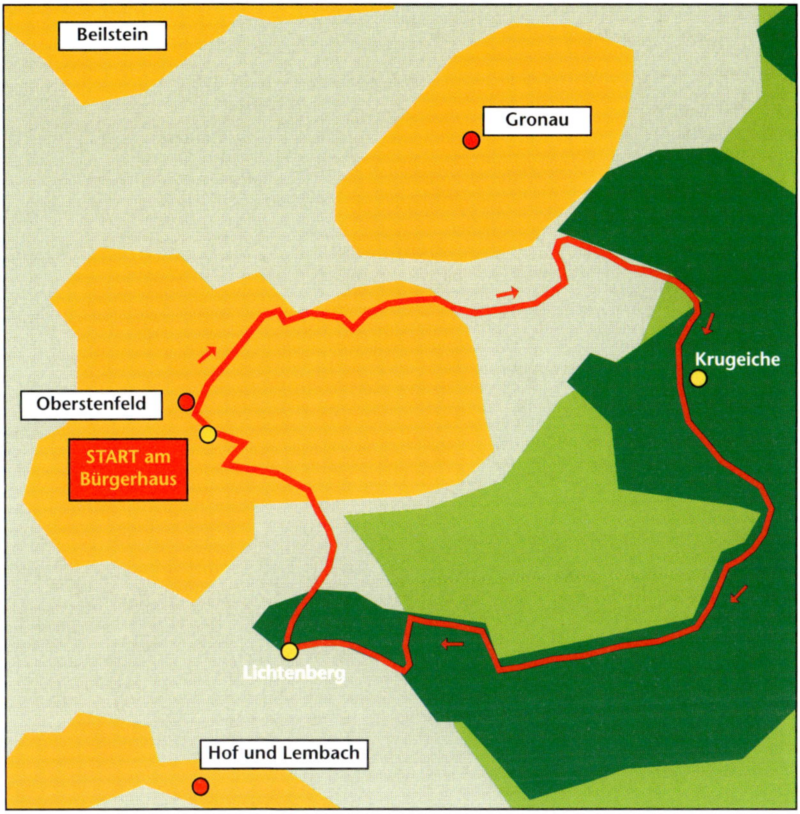

Tal). Bei der Wegkreuzung am Parkplatz wandert man rechts, entlang am Waldrand – links sind die Häuser von Altersberg zu sehen – und über den Flugplatzweg vorbei am Segelfluggelände mit Rastplatz, immer der Markierung „rotes Kreuz" folgend. Die Wanderung führt bei Waldeintritt leicht abwärts zur L 1118, auf dieser dann nach links ansteigend weiter und auf der Höhe rechts, nun Zeichen „blaues Kreuz und rote Traube" Richtung Lichtenberg mit einer wunderbaren Aussicht.

Eine schöne Steinbrücke über den Burggraben bringt uns zur im 12. Jahrhundert im gotischen Baustil erbauten Burg. Vor der Burg (370 m NN) kommt man rechts über einige Stufen abwärts Richtung Burggraben, hier dann rechts Richtung Wald (blaues Kreuz und rote Traube). Im Distrikt „Burgwald" geht es vor der Bank rechts abwärts, bei einer Wegkreuzung Richtung beibehalten und weiter abwärts. Beim Waldaustritt führt die Tour über Grasweg durch das Naturdenkmal „Birnbaumallee".

Am Ende der Allee wandern wir links und nach 200 m rechts zur Burgstraße von Oberstenfeld, hier 20 m nach rechts, dann wird links über Staffeln die Straße „Am Schlossberg" überquert. Weiter kurz links, danach rechts in die Dürrenstraße. Die Ziegelstraße wird überquert und vorbei an der Sporthalle dann rechts parallel zur Bottwar auf Fußweg erreicht man den Ausgangspunkt der Wanderung.

Wanderstrecke: *9 km*
Wanderzeit: *2,5 Stunden*
Karte: *Naturpark Schwäbisch-Fränkischer Wald*
Einkehr: *Oberstenfeld*

Wanderung: Forstberg–Peterskirche

Am Rathaus in Oberstenfeld (234 m NN), einem schönen Fachwerkhaus aus dem Mittelalter, ist Start der Rundwanderung. Von der Großbottwarer Straße biegen wir in die Forststraße ein (Markierung „blaues Kreuz"), beim Haus Nr. 6 wird ein Abstecher nach links zur Dorfkirche und der Stiftskirche aus dem 11. Jahrhundert eingelegt. Über dem Nordportal der Dorfkirche ist das Wappen von Oberstenfeld, ein Oberst auf dem Pferd, angebracht. Zurück zur Forststraße setzen wir, vorbei am Friedhof, die Wanderung fort.

Leicht ansteigend, nach einer Rechtskurve und kurz danach einer Linkskurve kommt man am Wasserreservoir vorbei mit einer wunderbaren Aussicht. Im Hagenlochweg geht es leicht abwärts, dann bei der kommenden Wegkreuzung geradeaus weiter und am Fuße des Forstberges mit altem Baumbestand und Streuobstwiesen vorbei an einer Infotafel des BUND. Eine Wegkreuzung wird passiert (Radwegzeichen nach Großbottwar), ca. 30 m danach führt die Tour nach rechts kurz ansteigend Richtung Weinberge und vor den Weinlagen links ansteigend weiter. In einer Rechtskurve kommt eine weitere Wegkreuzung, hier rechts und nach 200 m scharf links, dem Zeichen „Früchtchentour" folgend. Beim Schild Hüttensteige geht's danach in der Kurve bei der Hecke links über Stufen in den Wald. Der Weg ist unbefestigt, bietet aber wunderbare Ausblicke nach Beilstein und in die Löwensteiner Berge.

Beim Waldaustritt erreicht man beim Forstkopf eine Wendeplatte mit Rastmöglichkeit. Der weitere Weg führt nun abwärts und der Forstkopf wird umrundet. Es geht vorbei an einer in den Berg eingelassenen Schutzhütte, unterwegs hat man imposante Aussichten auf Wunnenstein und Köchersberg. Nach Umrundung des Forstkopfes kommt

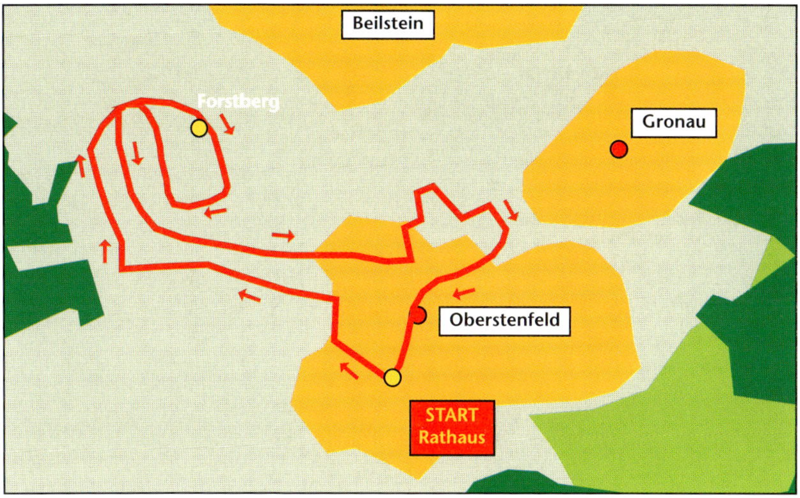

man ab den Stufen ein Stück des gleichen Weges zurück. Bei einer Wegkreuzung geht's links durch Weinberge in östlicher Richtung auf dem Egertenweg abwärts. Vorbei an einer Gehölzgruppe trifft man auf zwei Erinnerungssteine aus Sandstein mit schönen Bildhauerarbeiten. Im Stein ist das Oberstenfelder Wappen und eine Traube eingemeißelt als Erinnerung an die Rebflurumlegung aus den Jahren 1976–1978. Am Ende der Weinlagen steht ein alter Birnbaum, hier rechts bis zur nächsten Wegkreuzung und dann links durch Baumwiesen abwärts zur Gehrnstraße von Oberstenfeld.

Die Tour führt auf der Gehrnstraße, vorbei an der kath. Kirche, zur Beilsteiner Straße und auf dieser links Richtung Freibad. Von der Beilsteiner Straße wird rechts eingebogen, um vorbei am Freibad danach rechts der Markierung „blaues Kreuz" zu folgen in den Eselsweg. Nach Haus Nr. 10 wandern wir über Staffeln und Grasweg aufwärts zur Peterskirche, einem romanischen Bau aus dem 11. Jahrhundert. Die im 13. Jahrhundert gemalten Fresken sind zum Teil noch erhalten. Danach gehen wir rechts in der Straße „Am Petersberg" abwärts, biegen in die Gronauer Straße ein und erreichen Richtung Ortsmitte den Ausgangspunkt der Wanderung.

Wanderstrecke: *9 km*
Wanderzeit: *2,5 Stunden*
Karte: *L 6920 Heilbronn*
Einkehr: *Oberstenfeld*

Wanderung: Großbottwar–Wunnenstein

Im Weinstädtchen Großbottwar (215 m NN) beginnt die Tour beim Parkplatz an der Stadtmauer. Durch das Tor in der Stadtmauer kommt man zur Hauptstraße und zum historischen Fachwerkrathaus aus dem 16. Jahrhundert. Hier geht's rechts in die Lange Gasse und vorbei am mittelalterlichen „Schiefen Haus" und der alten Schule. Es wird links in die Pfarrstraße, danach in die Haaggasse und nach einigen Metern rechts in die Oberstenfelder Straße eingebogen. Diese überquert man, kommt links in die Frankenstraße und wandert hier leicht ansteigend weiter.

Nun auf der Höhe vorbei am Wasserreservoir mit wunderbarem Blick zum Lichtenberg. Über die Vordere und Hintere Höhe wird eine Wegkreuzung bei den Weinbergen erreicht, hier dann links mit Blick zum Köchersberg. Die Tour führt in westlicher Richtung zu einer Wegkreuzung am Fuße des Wunnensteins mit Infotafeln und der Albver-

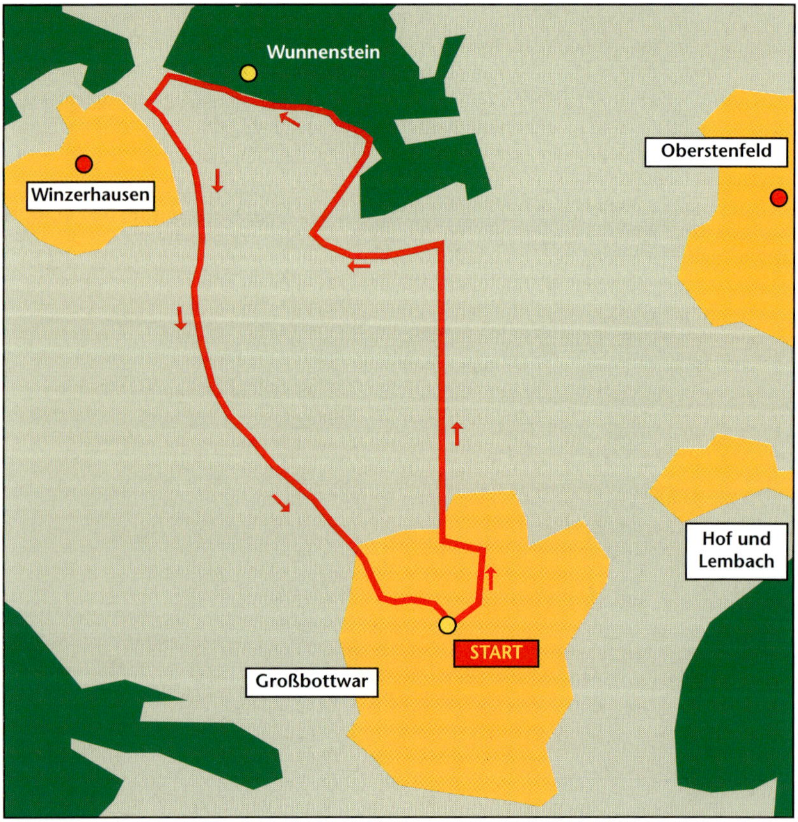

einsmarkierung „rotes Kreuz". Wir wandern rechts, zuerst durch Baumwiesen, später durch Weinberge, zum Teil auch über den Weinlehrpfad Wunnenstein (immer mit dem „roten Kreuz"). Unterwegs ist eine in das Erdreich eingelassene Schutzhütte zu sehen.

Am Waldrand beschreibt der Weg einen Linksbogen, danach geht es rechts, vorbei an einem Rastplatz mit Schutzhütte und Feuerstelle und dann ohne Markierung links ansteigend weiter. Die Treppe auf der rechten Seite führt zur Berggaststätte und zum Turm auf dem Wunnenstein mit herrlichem Rundblick ins Bottwartal, zu den Löwensteiner Bergen, dem Schwäbischen Wald, den Stromberg- und Remstalhöhen. Der Wunnenstein war im April 1525 Treffpunkt der unzufriedenen Bauern der gesamten Umgebung und Ausgangspunkt des Bauernkrieges im Südwesten unter Führung des Ratsherrn und Gastwirts Matern Feuerbacher.

Vom Wunnenstein geht man abwärts, überquert den Parkplatz und folgt nach links dem Schild Gipshütte. Vorbei an der Gaststätte wandert man bei der folgenden Weggabelung rechts durch die Rebhänge des Wunnensteins und kommt vorbei am Brunnen, der an die Flurbereinigung der Jahre 1966–1968 erinnert. Danach führt die Tour links, am Fuße des Wunnensteins und der Weinlagen in den Talweg, links Weinbau und rechts Wiesen. Am Ende des Talweges bei einer Kreuzung geht's rechts, vorbei an eingezäunten Grundstücken zu einer weiteren Wegkreuzung (mit den bereits bekannten Infotafeln) und von hier wieder rechts mit Zeichen „rotes Kreuz" Richtung Großbottwar.

Vorbei an Reit- und Tennishalle wird die Wanderung durch die Heilbronner Straße Richtung Ortsmitte fortgesetzt und über die Oberstenfelder und durch die Hauptstraße der Ausgangspunkt der Tour erreicht.

Wanderstrecke:	*11 km*
Wanderzeit:	*3 Stunden*
Karte:	*L 6920 Heilbronn, L 7120 Stuttgart-Nord*
Einkehr:	*Großbottwar, Wunnenstein, Gipshütte*

Wanderung: Großbottwar–Harzberg

Der Rosenplatz in Großbottwar (215 m NN) ist Start der Wanderung. Zeit für eine Besichtigung der Altstadt sollte eingeplant werden. Vom Rosenplatz wandert man in östlicher Richtung in die Bahnhofstraße (Zeichen rotes Kreuz), überquert die Bottwar und dann vorbei am Stein des 49. Breitengrades, einer Stiftung des Albvereins Ortsgruppe Großbottwar an die Stadt. Weiter geht's in die Kleinaspacher Straße, nach

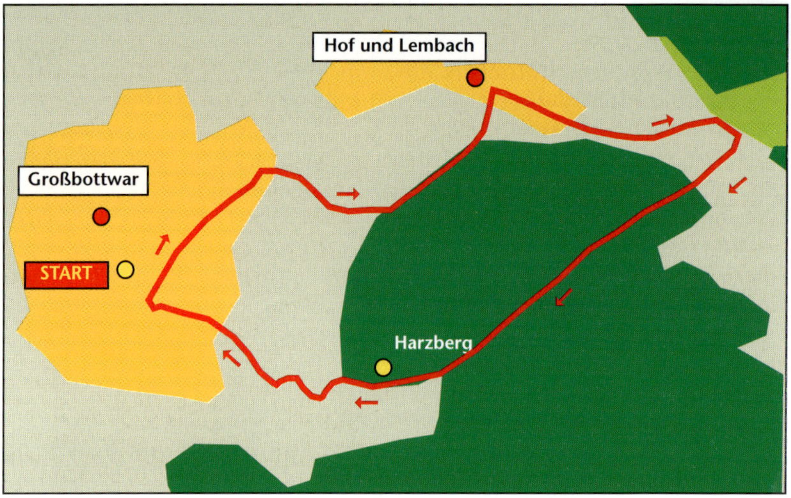

100 m wird links in die Kreuzstraße eingebogen und bis zur Lederfabrik der Albvereinsmarkierung „roter Punkt" gefolgt.

Vor der Bottwar kommt man rechts zur Benzenmühle (nun ohne Markierung) und vorbei an der ehemaligen Mühle zum Umspannwerk, davor dann rechts weiter. Die Tour führt vorbei an landwirtschaftlichen Gebäuden, bei der Weggabelung links leicht ansteigend Richtung Wald. Am Waldrand (Wegkreuzung) ist nun das Zeichen „rote Traube". Die Wanderung wird hier nach links fortgesetzt, bei einer Bank eine S-Kurve, danach über freies Feld leicht abwärts.

Im Talgrund wird nach rechts in die Kreisstraße K 1612 eingebogen. Wir kommen, vorbei an der alten Gemeindekelter, nach Lembach, einem Teilort von Großbottwar. Die Weinstraße wird bis Ortsende durchwandert, dann an der Wegkreuzung rechts Richtung Wald, der Lembach wird überquert und weiter vorbei an einem Weiher. Bei der Weggabelung geht es links, bei der nächsten Wegkreuzung geradeaus weiter, eine Schranke am Waldrand wird leicht ansteigend passiert. Im Wald ist eine weitere Weggabelung, hier folgen wir dem Rechtsbogen.

Die Häldenstraße wird erreicht, hier links einbiegen. Nun am Denkmal vorbei, einer Erinnerung an den Waldwegebau „Hälden" vom RAD Abteilung Friedrich Schiller 1934–1936. Die Tour führt durch schönen Mischwald weiter leicht ansteigend. Vor Waldaustritt (vor der Schranke) scharf rechts nun dem Zeichen „rotes Kreuz" auf der Oberen Häldenstraße folgen. Dieser Waldweg ist ohne größere Höhenunterschiede, zum Teil sind schöne Aussichten zu genießen. An einem kleinen Waldweiher vorbei ist vor Waldaustritt nochmals eine Schranke, danach wird nach rechts auf asphaltierten Weg eingebogen und der Wegtafel Richtung Großbottwar und Markierung „rotes Kreuz und rote Traube" gefolgt.

Die Wanderung führt zwischen Wald und Reben zu einem kleinen Rastplatz auf dem Harzberg mit wunderbarer Aussicht. Von hier folgt man nach 25 m nun der „roten Traube" links in den Wald Richtung Weinberg auf unbefestigtem Weg abwärts, am Weinberg kurz rechts und weiter abwärts. Die Tour geht noch einmal rechts kurz in den Wald und dann über Stufen abwärts zu einem befestigten Weinbergweg. Der „Traube" nach rechts folgend wird das „Harzberghäusle", eine ehemalige Schutzhütte der Weinberghüter, erreicht. Das Häusle stand früher im mittleren Harzberg und wurde 1979 im Rahmen der Rebflurbereinigung hier neu aufgebaut und restauriert, eine Rastmöglichkeit ist vorhanden.

Es geht links weiter, dem Zeichen „rotes Kreuz und rote Traube" folgend, bei der nächsten Wegkreuzung links und nach einer weiteren Wegkreuzung durch Weinberge rechts abwärts. In Großbottwar kommt man in die Harzbergstraße, biegt dann rechts in die Kleinaspacher Straße ein und wandert Richtung Stadtzentrum zum Ausgangspunkt der Tour.

Wanderstrecke:	*9 km*
Wanderzeit:	*2,5 Stunden*
Karten:	*L 6920 Heilbronn, L 7120 Stuttgart-Nord oder Schwäbisch-Fränkischer Wald*
Einkehr:	*Großbottwar*

Wanderung: Kleinbottwar–Kälblingwald–Benning

Bei der Bushaltestelle beim Bahnhöfle in Kleinbottwar (210 m NN), einem Teilort von Steinheim, ist Beginn der Wanderung. Man kommt in die Lerchenhofstraße und folgt den Schildern Paul-Aldinger-Schule und Lerchenhöfe. Die Lerchenhofstraße wird durchwandert vorbei an Aussiedlerhöfen (Lerchenhöfe), danach die Landesstraße L 1100 unterquert, hier ist das Zeichen „Steinheimer Weg" und die Albvereinsmarkierung „blauer Strich". Nach der Unterführung trifft man auf eine Wegkreuzung mit einer Gehölzgruppe und einer Bank. Der befestigte Weg wird verlassen und die Tour in gleicher Richtung leicht ansteigend auf unbefestigtem Weg fortgesetzt.

Auf der Höhe kommt man zur ehemaligen Kreisstraße K 1611 Großbottwar-Höpfigheim, wandert hier ca. 50 m links und dann rechts der Markierung folgend. Der Weg führt in den Kälblingwald, auf dem Kö-

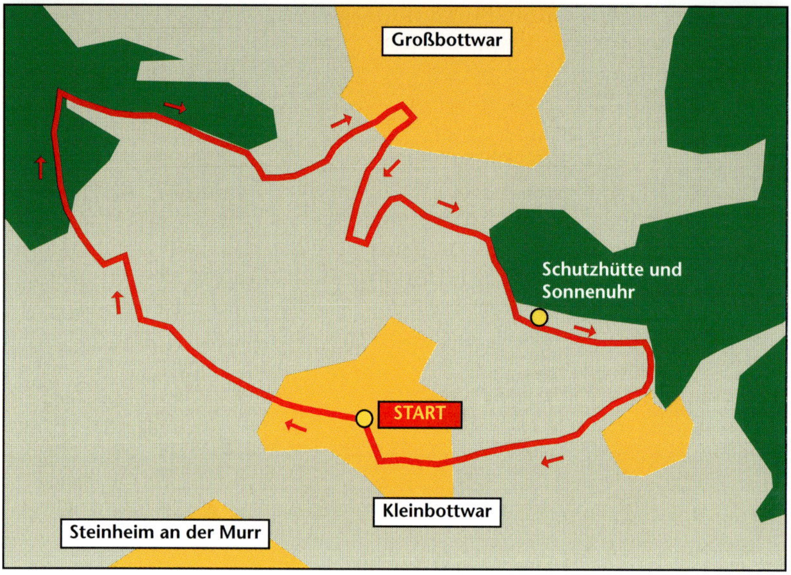

nigsweg wird eine Schranke passiert. Bei der Wegkreuzung rechts, wir kommen in den Waldweg „Kälblingstraße", verlassen den „blauen Strich" und folgen nun dem Zeichen „rotes Kreuz" nach rechts. Nach ca. 300 m beschreibt der Weg einen Linksbogen, die Tour führt auf schmalem Pfad nach rechts ohne Markierung und dann weiter zwischen Wald und Rebhängen mit einer schönen Aussicht. Der Weg mündet wieder in die Kälblingstraße.

Nun geht es rechts zur alten Kreisstraße K 1611 und hier dann nach links abwärts Richtung Großbottwar. In der Talsohle (vor Großbottwar) wird bei dem Kreisverkehr eine Straße überquert. Die Landesstraße L 1115 wird unterquert, danach weiter über die Kleinbottwarer Straße nach rechts, vorbei an der alten Ölmühle und über die Bottwar. Nach der Brücke wandert man nach rechts, unterquert nochmals die L 1115 und nach links wird der Radweg erreicht. Hier wird die Tour nach rechts mit der Markierung „rote Traube" fortgesetzt.

Achtung – nach einigen 100 m geht es bei einer Weggabelung links (rote Traube) und am Fuße des Benning wieder links, vorbei am Brunnen „Rebflurbereinigung 1974". Von diesem Weg sollte man die Aussicht zu den Bergen des Bottwartales und den Löwensteiner Bergen genießen. Mit der „roten Traube" kommt man zum Waldrand Distrikt Krappenküche, hier rechts ansteigend und weiter zwischen Weinbergen. Bei einer Wegkreuzung mit Bank wird die Tour ohne Markierung fortgesetzt und kommt zu einer in den Berg eingelassenen Schutzhütte mit einer interessanten Sonnenuhr aus Sandstein und Rastmöglichkeit mit einer wunderbaren Aussicht.

Anschließend geht man weiter in östliche Richtung, dann am Waldrand rechts und vor dem Forsthof (285 m NN) erreicht man eine Wegkreuzung. Nach links zweigt der Hardtspitzenweg ab, unsere Wanderung führt rechts auf Grasweg abwärts zum Wehrbachstausee. Am Wegrand sind Infotafeln von einheimischen Fischarten angebracht. Danach kommt man nach Kleinbottwar in die Friedhofstraße, biegt links in die Kirchstraße ein und vorbei am Pfarrhaus und der 500 Jahre alten St.-Georgs-Kirche mit interessantem Flügelaltar wird der Ausgangspunkt der Wanderung erreicht.

Wanderstrecke:	*12 km*
Wanderzeit:	*3–4 Stunden*
Karte:	*L 7120 Stuttgart-Nord*
Einkehr:	*Forsthof, Großbottwar, Kleinbottwar*

Wanderung: Steinheim–Schaubeck–Burgberg

In Steinheim an der Murr (200 m NN) beginnt die Tour am Parkplatz an der Murrbrücke. Die Brücke wurde 1603 erbaut und 1998 restauriert. Vom Parkplatz geht es rechts in die Badtorstraße, vorbei an der Martinskirche aus dem 14. Jahrhundert und vorbei am Urmenschmuseum Richtung Rathaus. Beim Rathaus (16. Jahrhundert) kommt man durch die Arkaden zur Marktstraße, überquert sie und folgt dann in der Lammgasse ansteigend der Albvereinsmarkierung „rotes Kreuz". Die Lammgasse mündet in die Klosterstraße, weiter ansteigend wird die Wanderung in nördliche Richtung fortgesetzt.

Auf der Höhe geht es ohne Markierung in der „Alten Kleinbottwarer Straße" weiter. Nach dem Ortsschild von Steinheim ist links das Lapidarium mit Grenzsteinen und Steinen aus der Römerzeit. Danach führt die Tour vorbei am Schloss Schaubeck aus dem 13. Jahrhundert. Das Schloss ist jetzt im Besitz der Grafen Adelmann von Adelmannsfelden. Bei der Schlosszufahrt wird rechts (ohne Markierung) auf ansteigendem Weg die Wanderung fortgesetzt und auf der Höhe eine Wegkreuzung erreicht. Hier sind dann die Zeichen „Steinheimer Weg sowie rotes Kreuz und rote Traube". Zwischen den Gehölzen laden Tisch und Bänke zu einer Rast mit schöner Aussicht ein.

Die Tour geht rechts in südlicher Richtung über freies Gelände weiter. Vor der E-Leitung (Gewann Ziegeläcker 293 m NN) wandert man nach links den Markierungen folgend vorbei an einer Feldscheune und dem Hundesportplatz und bei der Wegkreuzung danach rechts. Später, vor den Weinlagen geht's links mit dem Zeichen „Steinheimer

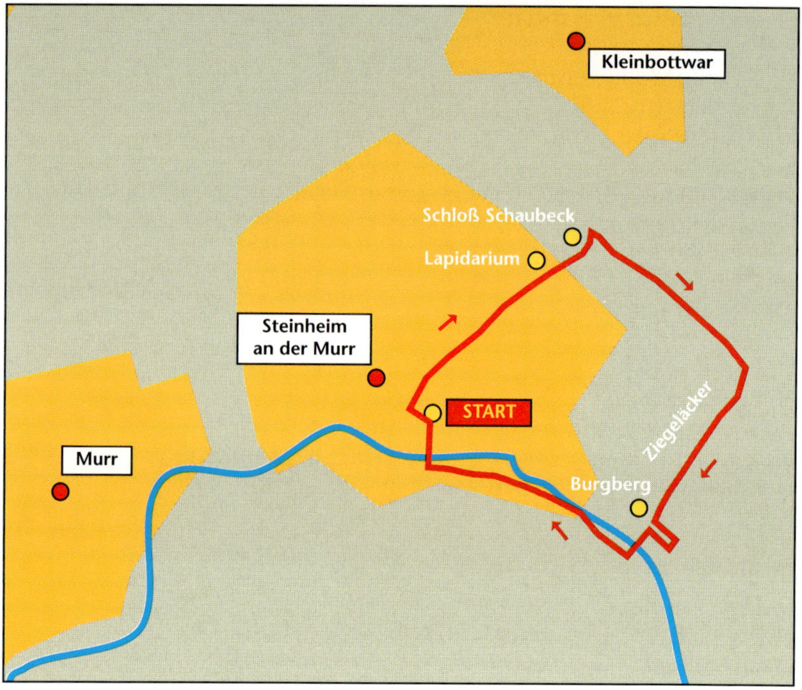

Weg" und nach 25 m an der Hangkante danach rechts mit vereinzelten Blicken ins Otterbachtal.

An einer weiteren Wegkreuzung kommt man links zum Burgberg mit Aussichten ins Murrtal und nach Erdmannhausen. Der Burgberg wird über ca. 310 Stufen abwärts verlassen (gutes Schuhwerk ist empfehlenswert). Nach 90 m Höhendifferenz erreicht man die Straße zum Lehrhof, geht hier rechts und überquert die Landesstraße L 1126. Rechts, dann nach 200 m links, überquert man die Murr und geht nach der Brücke rechts weiter. Nun kommt man, parallel zum Fluss und bei den ersten Häusern von Steinheim über die Brücke, zurück zum Ausgangspunkt der Tour.

Wanderstrecke:	*7 km*
Wanderzeit:	*2 Stunden*
Karte:	*L 7120*
Einkehr:	*Steinheim*

Wanderung: Zwischen Murr und Neckar

Start der Wanderung ist in Steinheim (200 m NN) am 1686 neu erbauten Fachwerkrathaus. Die Stadt Steinheim wurde erstmals 832 urkundlich erwähnt. Ein Besuch im Urmenschmuseum sollte eingeplant werden.

Von der Badtorstraße geht es vorbei an der Martinskirche aus dem 13. Jahrhundert und vorbei an Resten der Stadtmauer zur Murrbrücke. Der Bau der Murrbrücke (2 Bögen) datiert aus dem 17. Jahrhundert. Die Murrbrücke wird überquert, man kommt in den Marbacher Weg und folgt der Albvereinsmarkierung „rotes Kreuz und der roten Traube". Bei den letzten Häusern wandert man links nun leicht ansteigend, bei Wegkreuzungen immer der Markierung folgen. Der Weg beschreibt einen Rechtsbogen, bei der Wegkreuzung danach wird die Tour nach links fortgesetzt und bei der nächsten Wegkreuzung bei Baumwiesen mit zwei Bänken dann rechts. Eine in das Erdreich eingelassene Schutzhütte wird erreicht, hier links weiter. Der Weg ist kurz leicht abfallend, danach wieder leicht ansteigend. Auf der Höhe bei einer Wegkreuzung ist eine schöne Krugstatt aus Sandstein. Nun rechts zwischen Weinbergen und Obstanlagen in westliche Richtung.

Auf ebenem Weg kommt man zum Galgen (283 m NN) mit altem Platanenbestand und einer wunderbaren Aussicht. Ein Orientierungsstein sowie ein Rastplatz mit Feuerstelle und Spielplatz laden zum Verweilen ein. Der Orientierungsstein wurde von der Ortsgruppe Marbach des Schwäbischen Albvereins zum 100-jährigen Jubiläum gestiftet. Nach einer Rast wird die Wanderung in gleicher Richtung fortgesetzt. Bei der Feldscheune ist nochmals eine Krugstatt und eine Wegkreuzung, die Richtung wird beibehalten (Markierung). Nach einigen 100 m halten wir uns kurz links und gleich wieder rechts, später vor den Rebhängen rechts und bei einer weiteren Wegkreuzung (Hangkante) links. Vorbei an einem aus Ziegeln errichteten Häuschen ist wieder die Markierung (rotes Kreuz und rote Traube) zu sehen. Der Weg führt zu einem schönen Aussichtspunkt mit Blick auf den Neckar und auf Benningen.

Am Ende der Weinberge ist eine Wegkreuzung, hier rechts leicht abwärts Richtung Krankenhaus von Marbach. Die Tour führt beim Krankenhaus links in die Panoramastraße, dann rechts abwärts in die Straße am „Alten Markt", unter der Bahnlinie hindurch und an der Alexanderkirche vorbei. Danach wird die Schillerstraße überquert, man kommt zum Cottaplatz und weiter in die Niklastorstraße zu Schillers Geburtshaus, vorher noch ein Blick zum oberen Torturm. Dem Zeichen „roter Strich und rote Traube" folgend wird nach dem Brunnen rechts in die Mittlere Holdergasse eingebogen. Die Wanderung führt vorbei an Fachwerkhäusern und Brunnen, am Ende wird über einen Linksbogen die Holdergasse verlassen, man kommt rechts in die Straße „Auf dem Felsen" und dann in die Ludwigsburger Straße.

Hier geht man rechts über Stufen (Markierung und Schild Schiffsanlegestelle) in den Mühlweg und auf schmalem Weg weiter abwärts. In der Talsohle wird bei der Ampelanlage die Neckartalstraße und über den Fußgängersteg der Neckar überquert. Danach wandert man rechts und unterquert den Bahnviadukt (Zeichen rotes Kreuz). Man kommt nach Benningen in die Marbacher Straße, danach beim alten Rathaus bei der Ampelanlage rechts und über den Neckar. Weiter geht's rechts dem „roten Kreuz" folgend, dann gleich wieder links in die Straße „Im Schemming", vorbei an der Gärtnerei rechts ansteigend zwischen Weinbergen und nach den Rebhängen geradeaus auf unbefestigtem Weg ohne Markierung.

Bei der Hangkante ist ein Linksbogen, die Tour wird auf schmalem Weg fortgesetzt und bei der nächsten Wegkreuzung in der gleichen Richtung weiter. Man kommt nach Murr in die Lichtenbergstraße bis zum Spielplatz, hier rechts in die Panoramastraße und links weiter in den Benninger Weg. Die Wanderung führt jetzt kurz parallel zur Bietigheimer Straße, nach der Blattertkreuzung rechts in die Marbacher Straße und nach der Bushaltestelle über die Straße rechts in die Brückenstraße abwärts.

In der Talsohle wird die Murr über die Flößerbrücke überquert. Danach folgt man links dem Radweg Richtung Steinheim, bei den Sportanlagen rechts vorbei und am Parkplatz wieder rechts. Die Landesstraße L 1100 wird unterquert und über einen größeren S-Bogen kommt man in den Marbacher Weg in Steinheim und zurück zum Ausgangspunkt der Wanderung.

Wanderstrecke: *13 km*
Wanderzeit: *3,5–4 Stunden*
Karte: *L 7120 Stuttgart-Nord*
Einkehr: *Steinheim, Marbach, Benningen, Murr*

Untergruppenbach
Löwenstein
Unterheinriet
Happenbach
Wüstenhausen
Abstatt
Helfenberg
Schozach
Ilsfeld
Auenstein
Abstetterhof
Beilstein
Greifvogelwarte
Gronau
Pfahlhof
Ottmarsheim
Winzerhausen
Oberstenfeld
Großbottwar
Holzweiler Hof
Hof und Lembach
Allersberg
Hopfigheim
Kleinbottwar
Steinheim
Kleinaspach
Aspach
Urmensch museum
Rielingshausen
Pleidelsheim
Murr
Benningen
Kirchberg
Erdmannhausen
Schiller-Geburtshaus
Schiller-Nationalmuseum
Marbach
Affalterbach
Burgstall
Hörnle
Poppenweiler
Neckarweihingen
Birkhau
Wolfsölden
Kirschenhardthof

Weiterführende Literatur

Allgemein

Beschreibung des Oberamtes Marbach. Hg. Vom Königlichen statistisch-topographischen Bureau, Stuttgart 1866, Nachdruck Bissinger, Magstadt 1962

Karl Förstner: Heimatbuch des Oberamtsbezirks Marbach für Schule und Haus. Marbach 1923

Das Land Baden-Württemberg. Amtliche Beschreibung nach Kreisen und Gemeinden. Hg. Von der Landesarchivdirektion Baden-Württemberg, 8 Bde, Stuttgart 1974ff.

Stadt- und Landkreis Heilbronn. Konrad Theiss, Stuttgart und Aalen 1974

Der Kreis Ludwigsburg. Hg. Landrat Dr. Ulrich Hartmann, 2. Aufl., Theiss, Stuttgart 1994

Wappenbuch des Stadt- und des Landkreises Heilbronn mit einer Territorialgeschichte dieses Raumes. Hg. Stadt- und Landkreis Heilbronn und Archivdirektion Stuttgart, bearbeitet von Eberhard Gönner, Stuttgart 1965

Ludwigsburger Geschichtsblätter. Hg. Historischer Verein für Stadt und Kreis Ludwigsburg e.V., 1900ff.

Geschichtsblätter aus dem Bottwartal. Hg. Historischer Verein Bottwartal e.V., 1986ff.

Beilstein

Beilstein in Geschichte und Gegenwart. Hg. Stadt Beilstein, Beilstein 1983

Beilstein. Bilder aus alter Zeit. Geiger, Horb a.N. 1990

Beilstein im Bottwartal. Hg. Stadt Beilstein, Geiger, Horb a. N. 1994

Klaus Fischer, Dr. Gertraude Rentschler, Dr. Dietmar Rupp: Historischer Stadtführer Beilstein – erscheint 2003

Der altwürttembergische Landgraben,
Geschichte, Bedeutung, Verlauf, Wegbeschreibung,

Herausg.: Schwäb. Albverein, Hospitalstraße 21 B, 70174 Stuttgart, und Schwäbischer Heimatbund, Weberstr. 2, 70174 Stuttgart

Benningen

Benningen am Neckar 779–1979 Geschichte der Gemeinde. Hg. von der Gemeindeverwaltung Benningen am Neckar, Esslingen 1979

Benningen in alten Bildern. Hg. Bund für Heimatkunde Benningen am Neckar e.V., Geiger, Horb a. N. 1990

Großbottwar

Hermann Ehmer: Der gleißende Wolf von Wunnenstein. Jan Thorbecke, Sigmaringen 1991

Wolf-Diether Otto: Historischer Stadtrundgang Großbottwar. Hg. Stadt Großbottwar, Großbottwar 2001

Großbottwar. Leben in einer alten Weinstadt. Hg. Stadt Großbottwar. Geiger, Horb a. N. 2001

Marbach am Neckar

Albrecht Gühring: Marbach am Neckar. Führer durch die Schillerstadt Marbach und ihre Stadtteile. Marbach 2001

Albrecht Gühring: Geschichte der Stadt Marbach am Neckar. Bd. 1 (bis 1871). Marbach 2002

Hermann Schick: Geschichte der Stadt Marbach am Neckar. Bd. 2 (1871–1959), Marbach 1992

Eugen Munz, Otto Kleinknecht: Geschichte der Stadt Marbach am Neckar. Stuttgart 1972

Hans Besch: Alte Stadtansichten von Marbach am Neckar (Schriften zur Marbacher Stadtgeschichte Bd. 2), Marbach 1980

Hans Rühl: Marbach am Neckar. Photographien 1890–1940. Marbach 1989

Hans Rühl, Hermann Schick u. Albrecht Gühring: Schillerstadt Marbach am Neckar. Photographien 1940–1955. Marbach 1997

Hans Wahl: Rielingshausen in alten Bildern. Marbach 1992

Rielingshausen. Vom fränkischen Adelssitz zum Marbacher Stadtteil. Hg. Heimat- und Museumsverein Rielingshausen e.V. in Zusammenarbeit mit dem Stadtarchiv Marbach a. N., Stuttgart 1996

Hans Besch und Eugen Munz: Siegelhausen, Vergangenheit – Gegenwart (Schriften zur Marbacher Stadtgeschichte Bd. 5), Marbach 1988

Murr

Das Leben in Murr 1890–1940, Bilder und Berichte. Hg. Bürgermeisteramt Murr, Remppis, Marbach 1996

Oberstenfeld

Ernst Schedler: Oberstenfeld – Gronau – Prevorst in Geschichte und Geschichten. 3 Bde. Geiger, Horb a. N. 1989–1998

Ernst Schedler: Oberstenfeld – Gronau – Prevorst in alten Aufnahmen. Geiger, Horb a. N. 1986

Ernst Schedler: Stiftskiche St. Johannes d. T. Oberstenfeld. Hg. Evang. Kirchengemeinde Oberstenfeld, Oberstenfeld o. J. (2001)

Steinheim

Heimatbuch der Stadt Steinheim an der Murr. Hg. von der Stadt Steinheim a. d. Murr, Stuttgart 1980

Karl Dietrich Adam: Der Mensch der Vorzeit. Führer durch das Urmensch-Museum Steinheim an der Murr. Hg. Von der Stadt Steinheim an der Murr, Theiss Stuttgart 1984

Hans Dietl: Steinheim an der Murr – Bilder unserer Heimat. Geiger, Horb a. N. 1994

Hans Dietl: Beiträge zur Heimatkunde, Nr. 59. Steinheim an der Murr 2002

Abbildungsnachweis

Abbildungen im Buch mit Seitenangabe:

Rentschler, Hans Günter, Dr.: 10,11
Rentschler, Gertraude, Dr.: 61 u., 64, 67, 69, 71, 72, 73, 74, 75
Obenland, Martin: 15, 17
Otto, Wolf-Diether: 21, 22, 23, 24, 29, 32, 34, 99, 101, 103, 104, Einklinker Titelseite
Fischer, Klaus: 36, 37, 39, 40, 41, 42, 43, 44, 60, 63
Schönbein, Jörg: 61 o., 66, 68, 70, Einklinker Titelseite
Schedler, Ernst: 81, 83, 84, 86, 87, 88, 89, 90, 91, Einklinker Titelseite
Löffler, Ulrich: 95, 96, 105, 106
Graner, Manfred: 100

Dietl, Hans: 111, 114, 115, 116, 118, 119, 120, 121, 122, 123, 127, 128, Einklinker Titelseite
Bürgermeisteramt Murr: 129, 130
Warthon, Klaus: 131, 132 u., 133, 134, 136, 137, Einklinker Titelseite
Stadtarchiv Marbach, Michael Weber: 141, 143, 144, 145, 147, 148, 149 o., 152, 153
Stadtarchiv Marbach: 150, 149 u., Einklinker Titelseite
Hauptstaatsarchiv Stuttgart: Kieser´sche Ortsansichten – Seiten 78, 93, 94, 110, 125, 132 (Alle Rechte vorbehalten)
Landesvermessungsamt Baden-Württemberg:
Radwanderkarte 1:100 000 vom 26.04.2002, Az.: 2851.2-A/399: 172

Titelbild: Peylo, Dietrich

Autorenverzeichnis

Das Bottwartal in der Geschichte

Geologie und Landschaft	Dr. Hans Günter Rentschler
Siedlungsgeschichte	Martin Obenland
Burgen	Wolf-Diether Otto
Fachwerkbau	Klaus Fischer
Vom Kelterbann zum Schmalspurschlepper	Dr. Dietmar Rupp
Bedeutende Persönlichkeiten	Ernst Schedler

Die Gemeinden und ihre Teilorte

Beilstein	Klaus Fischer, Dr. Gertraude Rentschler
Oberstenfeld mit Gronau und Prevorst	Ernst Schedler
Großbottwar	Wolf-Diether Otto
Steinheim/Murr mit Kleinbottwar und Höpfigheim	Hans Dietl
Murr	Heinz Trautwein
Benningen	Ina M. Rietzke
Marbach am Neckar	Albrecht Gühring

Wanderungen im Bottwartal

Beilstein	Manfred Griebsch
Oberstenfeld	
Großbottwar	
Steinheim	